COMPRENDRE LES RELIGIONS

BOUDDHISME

Origines • Croyances • Rituels
Textes sacrés • Lieux du sacré

COMPRENDRE LES RELIGIONS

BOUDDHISME

Origines • Croyances • Rituels
Textes sacrés • Lieux du sacré

Malcolm David Eckel

Adaptation française de
Jean-Louis Houdebine

GRÜND

Adaptation française : Jean-Louis Houdebine
Secrétariat d'édition : Yannick Le Bihen
Texte original : Malcolm David Eckel
PAO : Bernard Rousselot

ISBN 2-7000-2655-1
Dépôt légal : janvier 2003
Imprimé à Singapour

Page 2 : temple de Mahabodhi à Bodh Gaya (Inde), marquant le site où le Bouddha, Siddharta Gautama, fit son Éveil.

SOMMAIRE

INTRODUCTION

Le bouddhisme tire son nom de Siddharta Gautama, révéré par ses disciples comme étant le *Bouddha*, ce qui signifie « l'Éveillé ». En quelques siècles, sa doctrine se répandit dans tout le sous-continent indien, ainsi que dans beaucoup d'autres régions d'Asie. Bien qu'il ait pratiquement disparu aujourd'hui de son pays d'origine, le bouddhisme a eu un impact considérable sur la vie religieuse et culturelle dans de nombreux pays asiatiques. Il fait également partie aujourd'hui du paysage religieux de l'Europe et de l'Amérique du Nord.

Selon une chronologie acceptée par la plupart des spécialistes, Siddharta Gautama naquit en 566 av. J.-C. et mourut en 486 av. J.-C. La tradition bouddhiste rapporte qu'il était issu d'une famille royale du sud du Népal. Sa naissance fut accompagnée de prodiges annonçant une « carrière » exceptionnelle. Selon l'un des récits de la vie du Bouddha, sa mère, la Reine Maya, rêva, au moment de sa conception, qu'un éléphant blanc pénétrait sans peine dans son flanc. Quand fut venu le temps de la naissance, le jeune Siddharta jaillit du flanc de sa mère, fit sept pas et déclara : « Je suis né pour accomplir l'Éveil (*bodhi*) du monde, ceci est ma dernière naissance. »

Le père de Siddharta demanda aux sages de la cour d'interpréter ces phénomènes merveilleux. Les sages,

Sur cette illustration tirée d'un manuscrit birman du XIXe *siècle, Siddharta Gautama, représenté en pleine méditation, est assailli par les forces de Mara, le roi des démons (voir pp. 8-9).*

voyant des roues dessinées sur les mains et les pieds de l'enfant, prédirent qu'il était destiné à être un *Chakravartin* (« Tourneur de roue »), c'est-à-dire soit un puissant conquérant, soit un grand éducateur religieux.

Siddharta grandit dans le palais de son père, se maria et eut un fils. À 30 ans, il voulut savoir ce qu'était la vie à l'extérieur du palais et en franchit les murs pour la première fois. Dans un jardin entourant le palais, il vit un vieillard, un malade et un cadavre qui lui firent prendre conscience de la souffrance humaine. Au cours d'une autre sortie, il rencontra un moine mendiant (*shramana*) et fit alors le vœu de suivre son exemple en cherchant à se libérer de ce monde de souffrance. Son père tenta vainement de l'en dissuader, mais Siddharta quitta le palais pour vivre désormais en vagabond. Cet événement, qu'on appelle le *Pravrajya* (le « Départ »), est reconstitué dans les communautés bouddhistes chaque fois que quelqu'un décide de se faire moine ou nonne.

Les premières étapes de sa retraite furent marquées par des jeûnes et des mortifications particulièrement rudes, au point de mettre sa vie en danger. Un fois convaincu que là n'était point la voie du salut, il accepta la nourriture que lui offrait une jeune femme et commença à suivre ce qu'on appelle dans la tradition bouddhiste la « Voie du Milieu », c'est-à-dire une discipline qui évite à la fois une vie de plaisirs et une vie de pénitences.

Les errances de Siddharta le ramenèrent ensuite au pied de l'« Arbre de l'Éveil ». Là, il décida de faire une dernière tentative pour échapper au cycle de la mort et de la réincarnation. Il fut alors assailli par le démon Mara, qui envoya ses filles pour le séduire et ses fils pour l'effrayer. Mais Siddharta résista aux assauts de Mara et, au cours d'une ultime nuit de méditation, il fut illuminé par le *dharma* (la « vérité » ou la « Loi ») de l'existence humaine.

C'est cette expérience qui fit véritablement de lui un *bouddha* (un « éveillé »).

Il se rendit ensuite dans un parc de gazelles à Sarnath, près de Varanasi, où il rencontra cinq de ses premiers compagnons. Il leur tint un sermon, ou un discours (*sutra*), connu sous le nom de « Discours sur la mise en mouvement de la roue du *dharma* [de la Loi] ». L'histoire du bouddhisme commence avec cet événement qui voit un Siddharta serein, venant d'accéder à la sagesse, et qui communique les résultats de son éveil à une poignée de compagnons, lesquels formeront le noyau de la première communauté (*samgha*) bouddhique. Pendant les quarante-cinq années qui lui restaient à vivre, Bouddha vagabonda sur les routes de l'Inde, prêchant le *dharma*, tandis que la communauté bouddhique croît rapidement. Enfin, dans la ville de Kushinagari, après avoir prononcé un dernier discours à ses disciples, il s'allongea entre deux arbres et mourut. Selon la doctrine bouddhique, il avait atteint son *nirvana* final, ou *parinirvana* (l'« l'illumination parfaite »).

Après la mort du Bouddha, la tradition bouddhique évolua de diverses façons mais en conservant la même thématique centrale. Le Bouddha n'est pas considéré comme un dieu ou un être surnaturel, mais comme un homme qui a trouvé la réponse aux questions les plus profondes posées par la vie humaine, et qui a rendu cette réponse accessible aux autres. Pour des millions de gens dans le monde, le bouddhisme apporte un sens du sacré et de la cohésion sociale sans recourir à l'idée d'un Dieu créateur.

Environ un siècle après la mort du Bouddha, les premières divisions surgirent dans la communauté bouddhique. Dix-huit « écoles » (*nikaya*) rivales apparurent, dont seul subsiste celle de la tradition du bouddhisme theravada, la tradition dominante aujourd'hui dans l'Asie du Sud-Est. Au IIIe siècle av. J.-C., sous l'influence et la protection de l'empereur indien Ashoka (voir p. 16), le bouddhisme pénétra au Sri Lanka, d'où il se répandit jusqu'en Indonésie. Au IIe siècle de notre ère, des moines empruntant la route de la soie l'introduisirent en Chine, d'où il passa en Corée, puis au Japon. Le bouddhisme tibétain prit forme plus tardivement, au VIIe siècle apr. J.-C.

Le succès du bouddhisme dans le nord et l'est de l'Asie fut favorisé par l'apparition en Inde du mouvement mahayana, ou « Grand Véhicule », vers le début de notre ère. Le bouddhisme mahayana apportait un nouveau corpus d'Écritures, un renforcement du rôle des laïcs et un nouveau concept du Bouddha lui-même. Le bouddhisme tantrique, une ramification du bouddhisme mahayana, apparut au VIIIe siècle. Son insistance sur le rituel et sa vision des *bouddha* comme autant de divinités courroucées en font l'une des variantes les plus stimulantes du bouddhisme.

L'expansion institutionnelle et intellectuelle du bouddhisme a été favorisée par des individualités remarquables, à commencer par les premiers adeptes du Bouddha. Le bouddhisme mahayana et le bouddhisme theravada ont vu se manifester nombre de moines lettrés qui donnèrent sa forme intellectuelle à la tradition monastique en Asie du Sud-Est. Le bouddhisme a également donné naissance à des réformateurs religieux et sociaux, tels que Shinran et Nichiren au Japon. Il existe également dans le bouddhisme une tradition d'engagement politique, depuis l'empereur Ashoka, jusqu'aux deux bouddhistes ayant récemment reçu le prix Nobel de la paix : le quatorzième dalaï-lama et la Birmane Aung San Suu Kyi.

Il y eut aussi, évidemment, des générations et des générations de bouddhistes ordinaires dont l'histoire n'a pas conservé le souvenir, mais qui ont donné du sens à leur vie au travers des gestes simples de leur foi : en observant les « Cinq Préceptes » (voir p. 60), en offrant de la nourriture aux moines, en célébrant les rites de passage, en participant aux célébrations de l'anniversaire de la naissance du Bouddha ou encore par des pèlerinages. Toutes ces pratiques semblent exprimer, sous une forme ou sous une autre, la même impulsion fondamentale, à savoir trouver la sérénité dans un monde de souffrance et d'impermanence.

CHAPITRE UN

ORIGINES ET DÉVELOPPEMENT HISTORIQUE

L'histoire du bouddhisme en tant que tradition religieuse distincte commence avec la vie du Bouddha, Siddharta Gautama, également connu sous le nom de Shakyamuni, « le sage de la tribu sakya », qui naquit en Inde vers la fin du VIe siècle av. J.-C.

Sous l'inspiration de son enseignement, le bouddhisme s'étendit de l'Inde au Sri Lanka, et de là, à une grande partie du Sud-Est asiatique. Au Ier ou IIe siècle apr. J.-C., il s'implanta en Chine, en suivant la route de la soie, et de Chine en Corée, au Japon et au Vietnam. Au VIIe siècle, des moines lettrés traversèrent l'Himalaya et introduisirent le bouddhisme au Tibet. Le bouddhisme a ainsi rayonné bien au-delà de son foyer d'origine, l'Inde, pour devenir un élément essentiel de la civilisation mondiale.

PAGE CI-CONTRE : détail (1800 env.) du Vessantara Jataka, *l'un des contes des* Jatakas *les plus populaires (voir p. 14), montrant le prince Vessantara, incarnation antérieure du Bouddha.*

D'un point de vue bouddhiste, l'histoire de la tradition bouddhique ne commence pas au VIe siècle avant notre ère avec la naissance de Siddharta Gautama : elle vient d'un passé lointain, marqué par les vies antérieures de celui-ci en tant que *bodhisattva*, « le *bouddha* futur ». Selon la doctrine de la réincarnation (*samsara*), la vie d'un individu est faite d'une longue série d'actions (*karma*) se succédant au cours de multiples existences, et Siddharta Gautama ne fit pas exception à cette règle. Un ensemble de textes traditionnels, les contes des *Jatakas* (récits des « naissances »), raconte comment Siddharta reçut les enseignements de *bouddha* antérieurs, fit preuve de nombreuses vertus, qui deviendront celles de la tradition bouddhique, et se prépara pour son éveil final.

Les bouddhistes appréhendent la carrière de Siddharta Gautama comme le résultat d'un long processus de préparation et également comme le début d'un nouveau processus historique, au cours duquel d'autres ont tenté de suivre son exemple et de faire pour eux-mêmes l'expérience de l'éveil.

Après la mort du Bouddha (son « *nirvana* final », ou *parinirvana*), des disciples laïcs incinérèrent son corps suivant ses instructions, puis firent de ses cendres des reliques qu'ils enfouirent dans des monuments funéraires, les *stupa*. La vénération de ces reliques fournit le modèle traditionnel des pratiques qui allaient prévaloir dans le bouddhisme, et qui s'étendirent non seulement aux reliques, mais encore aux autres objets, images et sites sanctifiés par leur association aux événements de la vie du Bouddha. La plupart de nos informations sur les débuts de la communauté bouddhique, la *samgha*, viennent de textes écrits cinq siècles ou plus après la mort du Bouddha. Il est donc difficile de savoir avec certitude comment un petit groupe de disciples réunis autour d'un chef charismatique devint une communauté puissante en Inde et au-delà. La tradition, toutefois, évoque certaines étapes de son développement institutionnel qui permirent au bouddhisme de jouer un rôle important dans l'épanouissement de la civilisation asiatique.

Peu de temps après la mort du Bouddha (486 av. J.-C.), un « premier concile » bouddhiste se tint dans la ville de Rajagriha. Selon un récit, un disciple du Bouddha, Kashyapa, voyageait avec un groupe de moines quand il apprit la mort de son maître. L'un d'eux se félicita alors ouvertement de cette mort, disant qu'elle les libérait des contraintes des règles monastiques. Craignant alors un effondrement de la discipline, Kashyapa proposa de convoquer un concile afin de réaffirmer l'enseignement du Bouddha et les règles monastiques, et d'établir un corpus doctrinal commun propre à guider la communauté. Les travaux de ce premier concile constituent le noyau central du canon bouddhique.

Une autre tradition parle d'un « deuxième concile », convoqué un siècle plus tard dans la ville de Vaisali pour examiner les innovations introduites dans le code monastique en raison de l'expansion régionale de la communauté. Toutefois, les problèmes ne furent pas complètement résolus et on assista au premier grand schisme, entre le *sthaviras* (les fidèles de la doctrine des Anciens) et le *mahasamghikas* (la « grande communauté »). Ce schisme fut à l'origine de la fragmentation de la *samgha* en dix-huit écoles, et il anticipa la scission ultérieure entre hinayana (« Petit Véhicule ») et mahayana (« Grand Véhicule »).

L'expansion de la première communauté bouddhique doit beaucoup au soutien et à la protection de l'autorité royale, en Inde et ailleurs. Ashoka, le grand empereur des Mauryas (268-239 av. J.-C.), qui régna sur le nord de l'Inde depuis sa capitale Pataliputra (la Patna moderne), se convertit publiquement au bouddhisme. Il en promulgua les valeurs dans tout son royaume et apporta un soutien actif à son expansion au-delà. Son fils Mahendra (en langue pali, Mahinda) se serait lui-même rendu au Sri Lanka à la tête d'une mission.

Il semble également qu'il y ait eu à cette époque des moines bouddhistes en Afghanistan et en Asie centrale, qui entrèrent en contact avec les royaumes helléniques établis après l'invasion de l'Inde par Alexandre le Grand en 327-325 apr. J.-C. On relate qu'un roi grec, Menander (en pali, Milinda), se serait converti au bouddhisme.

La scission entre les courants hinayana et mahayana se produisit vers le début de notre ère, dans des circonstances encore mal établies. Le mouvement réformateur mahayana fait remonter son origine au Bouddha lui-même. Celui-ci aurait tenu une assemblée spéciale à Rajagriha, au pic du Vautour, et prononcé un sermon – connu sous le nom de « Deuxième discours sur le tour de la tour du *dharma* » – réservé à un petit groupe de disciples. Cet enseignement, selon les textes du bouddhisme mahayana, serait resté secret pendant un temps, avant d'être révélé au reste de la communauté.

On ne sait pas trop si le mahayana apparut dans une seule région de l'Inde ou s'il se développa dans plusieurs centres différents. Ce qui est sûr, c'est que l'importance accordée à l'idéal *bodhisattva* correspondait aux intérêts des bouddhistes laïcs. Un *bodhisattva* ne cherchait pas à renoncer au monde pour atteindre le *nirvana*, comme dans l'idéal monastique traditionnel, mais revenait dans le monde par compassion pour l'humanité ordinaire.

Un des portails sculptés (torana) *du Grand Stupa de Sanchi, lequel date de l'époque d'Ashoka et qui fut considérablement embelli au cours des siècles qui suivirent.*

Le bouddhisme tantrique – courant issu du bouddhisme mahayana au VIe siècle – sembla remettre en vigueur les commandements les plus fondamentaux de la tradition. Le mot « tantra » vient du nom donné aux textes où sont consignés ses enseignements ; d'autres noms lui sont également donnés : *mantrayana* (« Véhicule des Chants sacrés ») et *vajrayana* (« Véhicule de la foudre »). Le bouddhisme tantrique met l'accent sur le rituel et le symbolisme, notamment celui du *mandala*,

« cercle sacré » (voir pp. 32-33), et promeut des pratiques visant à favoriser une expérience immédiate de l'éveil. Cet aspect radical est particulièrement visible dans l'art tantrique, avec ses représentations du Bouddha en « divinité courroucée ». Dans le tantrisme, un « saint » (*siddha*) sait qu'il n'y a pas de différence entre colère et sérénité, et que l'éveil peut s'expérimenter jusque dans les émotions humaines les plus élémentaires.

Pendant les six ou sept premiers siècles de notre ère, le bouddhisme joua un rôle central dans l'épanouissement de la culture indienne, notamment sous la dynastie des Gupta (320-540) et le règne du roi Harsha (606-646). Les monastères bouddhiques sont alors autant de centres d'étude où les moines cultivent la philosophie, les textes religieux, la médecine, l'astronomie et la grammaire. Au XIIIe siècle, toutefois, il semble que la montée de l'hindouisme ait affaibli l'intérêt du peuple pour le bouddhisme, en même temps que des siècles de coexistence rendaient insignifiantes les différences entre les deux traditions. Privés du soutien des rois et des princes, les monastères bouddhistes devenaient très vulnérables, et quand les envahisseurs musulmans détruisirent les derniers grands monastères, à la fin du XIIIe siècle, l'influence du bouddhisme dans la culture indienne déclina rapidement.

L'histoire du bouddhisme en Asie du Sud-Est remonte à l'arrivée des missionnaires envoyés par Ashoka au Sri Lanka. Pendant plus de mille ans, le bouddhisme dans cette région fut un mélange éclectique de traditions, reflétant la diversité du bouddhisme indien. À partir du XIe siècle, quand l'influence des monastères indiens commença à décliner, nombre de moines et de rois bouddhistes, en Birmanie et en Thaïlande, se mirent à chercher ailleurs leurs modèles. À l'exemple du Sri Lanka, ils adoptèrent l'orthodoxie theravadiste, et c'est ce courant qui domine encore aujourd'hui en Birmanie et en Thaïlande. Aux XIXe et XXe siècles, les bouddhistes d'Asie du Sud-Est furent confrontés au colonialisme européen, mais des générations de réformateurs relevèrent le défi et élaborèrent un bouddhisme résolument « moderne ».

Le bouddhisme pénétra au Tibet en deux vagues successives. La première se produisit au VIIe siècle, lorsque les épouses du roi tibétain apportèrent des images du Bouddha à Lhassa, la capitale. Le premier monastère fut fondé à Samye à la fin du VIIIe siècle, avec le soutien de Shantarakshita, un lettré indien, appartenant à la cour de Thrisong Detsen, roi du Tibet, et de Padmasambhava, un Indien adepte du tantrisme. Le bouddhisme tibétain porte la marque de ces trois fondateurs : dimension intellectuelle du monachisme ; monarchie et pouvoir politique ; méditation et rituel tantrique.

Cette première pénétration du bouddhisme au Tibet, connue sous le nom de « Première Diffusion du *dharma* », prit fin avec les persécutions ordonnées par le roi Langdarma (838-842). Le bouddhisme fut réintroduit à la fin du Xe siècle et s'organisa autour de quatre sectes principales. L'une d'entre elles, la secte Nyingmapa, faisait remonter son origine à Padmasambhava. Les autres sectes – Sakyapa, Kadampa, et Kargyupa – disaient descendre des saints et des lettrés postérieurs à la grande persécution. Le lignage des Gelupkas dont les dalaï-lamas sont issus appartient à la secte Kadampa.

Le titre de dalaï-lama (signifiant littéralement « océan », le premier mot signifiant probablement « océan de sagesse ») fut donné pour la première fois au moine tibétain Sonam Gyatso (1543-1588) par le chef mongol Altan Khan. Toutefois, selon les bouddhistes tibétains, Sonam Gyatso n'est que le troisième d'une série de réincarnations remontant au moine Gendun Dup (1391-1475), lequel est donc considéré comme le véritable « premier » dalaï-lama.

À partir du règne du cinquième dalaï-lama, Ngawang Losang Gyatso (1617-1682), dit le « grand cinquième », les dalaï-lamas devinrent les souverains politiques et religieux du Tibet. Sous leur direction, les bouddhistes tibétains maintinrent leur mode de vie traditionnel jusqu'à l'invasion chinoise de 1950 qui contraignit Tenzin Gyatso, le quatorzième dalaï-lama, à s'exiler. Ce dernier n'a cessé depuis de se consacrer à la préservation de la culture tibétaine, au Tibet comme parmi les communautés de convertis et d'exilés à travers le monde.

Le bouddhisme est entré en Chine par la route de la soie au Ier ou au IIe siècle. Comme au Tibet et en Asie du Sud-Est, la principale difficulté consista d'abord à adapter la complexité du bouddhisme indien à la culture locale. Mais à partir de la dynastie des Tang (618-907), son acculturation est telle que le bouddhisme va jouer un rôle important dans la civilisation chinoise. Cette période voit apparaître en Chine les écoles mahayaniques et les écoles philosophiques de Tiantai et de Huayan. Le bouddhisme chinois se caractérise également par l'importance dévolue aux *bouddha* et *bodhisattva* célestes, notamment Amitabha (Amituo Fo), Avalokiteshvara (Guanyin), et Maitreya (Mile Fo).

La variante chinoise du bouddhisme fut introduite en Corée au IVe siècle et au Japon au VIe siècle. Le Vietnam adopta lui aussi les traditions bouddhiques chinoises, bien qu'il soit possible que le bouddhisme y ait pénétré dès le IIe siècle. On retrouve dans ces trois pays une forme de bouddhisme « chan » (« zen » en japonais), insistant sur la méditation et l'expérience de l'« éveil », ainsi que sur la dévotion aux *bouddha* et *bohdisattva* célestes.

À peine connu en Occident (sauf des spécialistes) jusque vers 1850, le bouddhisme a commencé à s'y diffuser en 1900, en partie grâce à un ex-colonel de l'armée américaine, Henry S. Olcott (1832-1927), et à une mystique russe, Helena Blavatsky (1831-1891). Ceux-ci prirent fait et cause pour le renouveau du bouddhisme theravada dans le Sri Lanka de l'époque coloniale, et leur Société théosophique doit beaucoup aux préceptes du bouddhisme. Signalons également, en 1893, la réunion à Chicago du Parlement mondial des religions, auquel participèrent de nombreuses personnalités du bouddhisme asiatique.

Depuis les années 1950, presque toutes les écoles et traditions majeures du bouddhisme sont représentées en Occident, tant parmi les communautés d'immigrants que chez les convertis occidentaux. Avec ses monastères, ses temples et ses salles de méditation, le bouddhisme s'est profondément enraciné dans des environnements pourtant complètement différents du bassin du Gange où il est né autrefois.

Visite de Xuanzang à l'arbre de la *bodhi*

« Quand il vint adorer l'arbre de la *bodhi* et l'imposante figure de Tathagata [l'un des noms du Bouddha] au temps où il accéda à la parfaite sagesse, le maître de la Loi regarda ces objets avec la dévotion la plus sincère, se prosterna face contre terre et, assailli de douleur, il soupira et dit : « À l'époque où le Bouddha se perfectionnait en sagesse, je ne sais dans quel état j'étais, plongé dans le monde tourmenté de la naissance et de la mort ; mais maintenant que me voici en ce lieu, réfléchissant sur le poids de mes mauvaises actions, je suis touché au cœur et mes yeux se remplissent de larmes. » »

The Life of Hiuen-tsiang, d'après la traduction anglaise de S. Beal, Kegan, Paul, Trench, Trübner & Co., Londres, 1911, p. 105.

Commentaire

Le journal de voyage du moine chinois Xuanzang (596-664) est une précieuse source d'informations sur le bouddhisme en Inde dans sa période classique (du IIIe au VIIIe siècle). Parti en pèlerinage, Xuanzang emprunta la route de la soie, voyagea en Afghanistan, où il admira les gigantesques statues du Bouddha taillées dans le roc, à Bamyan, et se rendit en Inde par le col de Khyber.

Pendant dix ans, il visita les sites du bouddhisme, des montagnes du Cachemire (au nord) aux pays de langue tamoul du sud de l'Inde. Chaque endroit visité est pour lui l'occasion de présenter un récit associé à un épisode de la vie du Bouddha, d'un *bouddha* antérieur, ou d'un « saint » célèbre.

En Afghanistan, en visitant la grotte de l'ombre du Bouddha, il a une vision de son corps. Au Cachemire, il étudie la philosophie bouddhiste et devient un expert des traditions intellectuelles de l'hinayana et du mahayana. Sa visite au site qui vit le Bouddha « s'éveiller » fut un moment dramatique de son périple : il perçoit alors la profondeur de la souffrance humaine et fond en larmes.

À son retour en Chine, Xuanzang rapporta quantité de manuscrits et fut reconnu comme l'un des meilleurs interprètes de la philosophie bouddhiste. Il devint l'un des personnages favoris de la tradition chinoise, et le roman le *Pèlerinage à l'Ouest* donne une charmante version populaire de ses exploits.

CHAPITRE DEUX

ASPECTS DU DIVIN

Alors que beaucoup de religions sont centrées sur l'adoration d'un être suprême, les bouddhistes révèrent la figure du Bouddha, considéré comme un simple être humain qui a découvert comment mettre fin à la souffrance et échapper au cycle de la mort et de la réincarnation. Les bouddhistes respectent également le pouvoir d'esprits ou de divinités locales.

Le bouddhisme mahayana se distingue des traditions plus anciennes par son abondante galerie de *bouddha* et de *bodhisattva* célestes qui fonctionnent comme autant d'êtres surnaturels propres à guider les croyants sur le chemin du salut. Aujourd'hui, pour un bouddhiste, la pratique mahayanique qui consiste à psalmodier le nom d'un *bouddha* céleste est aussi courante que celle qui repose sur une méditation solitaire.

Page ci-contre : mandala *népalais de 1860 représentant le* bouddha *céleste Vairochana dans le cercle central et quatre autres bouddha dans les coins du carré. Le* mandala *comporte également un grand nombre d'autres créatures sacrées.*

Le bouddhisme theravada insiste fortement sur le fait que Siddharta Gautama était un être humain qui accéda à un *nirvana* (voir pp. 58-59) complet et qui, ainsi, cessa de se réincarner. Quand un fidèle theravadin fait une offrande à une représentation du Bouddha, il ne s'agit pas d'un acte d'adoration à l'intention d'un dieu, mais d'un moyen d'obtenir un avantage karmique et de se remémorer les vertus du Bouddha qu'il doit toujours s'efforcer d'égaler.

Cela ne signifie pas, toutefois, qu'on ne trouve pas dans le bouddhisme des divinités ressemblant, par exemple, à celles de l'ancienne tradition indienne. Dans le bouddhisme mahayana, les êtres qui se sont élevés jusqu'aux plus hauts degrés de la « bouddhéité » – les *bodhisattva* (les « *bouddha* à venir » ou « futurs *bouddha* ») – ont accumulé un tel pouvoir qu'ils sont capables d'agir comme des dieux. Ces personnages exceptionnels sont appelés les « *bodhisattva* célestes ». Ils peuvent intervenir miraculeusement dans ce monde et créer des royaumes célestes où l'homme peut renaître dans la béatitude, pour des raisons qui tiennent davantage de leur compassion que de leur mérite en tant qu'individu. À la fin de leur carrière de *bodhisattva*, ils deviennent des *bouddha* célestes et obtiennent des pouvoirs encore plus considérables. Mais de nombreux *bodhisattva* repoussent à plus tard leur « bouddhéité » pour accompagner les fidèles sur le chemin du *nirvana*.

Ce qui distingue un *bodhisattva* d'un *bouddha* n'est pas toujours très clair. Selon le *sutra* du Lotus (voir pp. 42-43) de la tradition du bouddhisme mahayana, le Bouddha lui-même ne fut que la manifestation d'un grand *bodhisattva* dont la longue carrière n'est pas encore terminée. Réalisant que les humains avaient besoin d'un exemple, de voir l'un des leurs accéder au *nirvana*, il se manifesta sous l'aspect de Siddharta Gautama pour en apporter la démonstration. Mais sa carrière n'était pas terminée et sa compassion continue de se manifester tant qu'il y aura des hommes qui auront besoin de son aide.

Les notions de *bodhisattva* et de *bouddha* céleste permirent au bouddhisme mahayana d'élaborer tout un panthéon de divinités. L'une des plus importantes est le *bodhisattva* Avalokiteshvara (le « Seigneur qui regarde en bas »), personnification du regard compatissant du Bouddha. Cette compassion est invoquée dans le célèbre *mantra* « Aum Mani Padme Hum » (« Ô Joyau dans le Lotus »). Aum et Hum sont des syllabes intraduisibles – Aum est le son sacré à partir duquel le monde a été créé, il est considéré par certains comme l'essence même de toute connaissance véritable.

Statuette en bronze doré (XIXe siècle) du bodhisattva *Maitreya, figure primordiale du bouddhisme mahayana, en Asie.*

Dans le bouddhisme indien, Avalokiteshvara est associé à une femme appelée Tara, qui incarne l'aspect féminin de sa compassion. En Chine, où Avalokiteshvara est vénéré sous le nom de Guanyin, les deux identités masculine et féminine du *bodhisattva* fusionnèrent et Guanyin finit par être adoré principalement sous une forme féminine. Les Tibétains se réclament d'une parenté particulière avec Avalokiteshvara (dont le nom tibétain est Chenrezig), qui aurait fait le serment de protéger leur nation et c'est lui qui se manifeste dans chaque dalaï-lama.

Parmi les *bodhisattva* célestes importants, on trouve également Maitreya, le *bouddha* de l'ère future, qui sera le prochain *bodhisattva* à entrer dans le monde et à devenir un *bouddha*. Tout comme Avalokiteshvara, Maitreya vient en aide à ceux qui sont en danger : en Chine, où il est appelé Mile Fo, des mouvements messianiques ont régulièrement annoncé son arrivée imminente et la transformation de la société selon les principes du bouddhisme. Parmi les autres *bodhisattva* célestes, notons Manjushri, le *bodhisattva* de la sagesse, et Kshitigarbha, le consolateur des morts et protecteur des voyageurs, des pèlerins et des enfants.

Le plus connu des *bouddha* célestes est Amitabha (« Lumière infinie »), qui aurait fondé un paradis, la « Terre pure », en devenant un *bouddha* (voir pp. 90-92). Quiconque se remémore le nom d'Amitabha, notamment au moment de la mort, renaîtra dans la Terre pure et se retrouvera en face d'Amitabha lui-même. Le culte du *bouddha* Amitabha eut un impact considérable en Chine et au Japon, où il est respectivement appelé Amituo Fo et Amida Butsu (« fo » et « butsu » signifiant *bouddha*). Durant les troubles politiques et sociaux de la période Kamakura (1185-1333), la vénération d'Amida Butsu devint l'un des éléments les plus importants du bouddhisme japonais. Le réformateur bouddhiste Honen (1133-1212) rendit cette vénération accessible à ceux qui n'avaient pas de culture bouddhique, et Shinran

(1173-1263) - fondateur du *Jodo Shinshu* (« Secte de la véritable Terre pure ») – décréta que le salut ne dépendait que de la grâce d'Amida, bien plus que des efforts de chacun. Les traditions fondées par Honen et Shinran continuent d'être la forme de bouddhisme la plus populaire au Japon, et sont représentées en Amérique du Nord.

Parmi les autres *bouddha* célestes importants, notons le *bouddha* médecin Bhaishajyaguru et le « *bouddha* soleil » Vairochana (le « rayonnant »), qui occupe une place centrale dans de nombreux *mandala* (« cercles sacrés ») du bouddhisme tantrique. Le *mandala* est une représentation symbolique de la relation entre le macrocosme et le microcosme : il représente à la fois la totalité du cosmos ainsi que le corps et l'esprit du fidèle. Les *mandala* sont utilisés dans la méditation et le rituel tantrique pour aider le fidèle à unifier sa vision du cosmos, à contempler l'intégration du moi et du monde, et à abolir ce qui sépare le *nirvana* du domaine de la mort et de la réincarnation.

L'une des plus courantes de ces images sacrées est le *mandala* des cinq *bouddha* qui joue un rôle central dans le bouddhisme tantrique du Tibet et la tradition Shingon du Japon. Son point de départ est une configuration de cinq bouddhas célestes : Vairochana au centre, Amitabha à l'ouest, Amoghasiddhi au nord, Akshobhya à l'est, et Ratnasambhava au sud. Cette configuration s'étend ensuite, par association de symboles, pour intégrer cinq couleurs, cinq traits psychologiques, cinq sagesses, etc., chacun des éléments de chaque groupe étant associé à l'un des cinq *bouddha*. Ceux-ci sont également associés à cinq déesses placées au centre du *mandala* et aux quatre points cardinaux.

Identifié au soleil, Vairochana joua un rôle également important pour l'acculturation du bouddhisme au Japon, où il se confondit avec Amaterasu, la déesse solaire qui est à la tête du panthéon shinto.

En plus de cette foule d'êtres célestes, le bouddhisme a toujours accueilli esprits et divinités locales. Le Bouddha lui-même aurait, dit-on, été protégé par un *naga.* Dans la tradition indienne, un *naga* est un dieu-serpent maître de la pluie ; dans le bouddhisme, les *naga* sont également les gardiens des trésors de la tradition. Les *stupa* (voir pp. 66-67) sont souvent associés aux *yaksha* (dieux de la santé et de la chance) et aux *yakshi* (déesses de la fertilité). En Asie du Sud-Est, des dieux Hindous comme Indra et Vishnu ont dans le bouddhisme un rôle de gardien. En Chine, en Corée au Japon et au Tibet de nombreuses divinités locales et régionales sont intégrées à la religion.

La Terre de béatitude

« Puis le Bienheureux dit à Shariputra : « À l'ouest, à des centaines de milliers de champs de *bouddha* d'ici, il y a un endroit sacré appelé Terre de béatitude. Un *bouddha* parfaitement éveillé, du nom de Longévité Infinie (Amitayus), habite cette terre et prêche le *dharma*. Pourquoi ce nom de Terre de béatitude, selon toi ? Dans la Terre de béatitude les êtres vivants ne souffrent d'aucune douleur de corps ou d'esprit, et ils y ont d'innombrables occasions de plaisir [...]

Quand des fils ou des filles de bonne famille entendent le nom du Bienheureux Tathagata (ou Bouddha) de la Longévité Infinie et le gardent attentivement à l'esprit pendant une, deux, trois, quatre, cinq, six, ou sept nuits, alors, quand ils mourront, le *bouddha* de la Longévité Infinie se dressera devant eux, conduisant un groupe de *bodhisattva* et entouré d'une foule de disciples, et ces fils ou filles de bonne famille mourront l'esprit tranquille. [...] Ils renaîtront au pays de la Béatitude, celui du Tathagata de la Longévité Infinie.

C'est ce que j'ai en tête, Shariputra, quand je dis que fils et filles de bonne famille devraient aspirer respectueusement à vivre en Terre de béatitude. » »

Extrait du Sutra *Sukhavativyuha*, d'après la traduction anglaise de Malcolm David Eckel.

Commentaire

L'Abrégé du *sutra* Sukhavativyuha donne une image colorée du culte rendu au *bouddha* Amitabha (ici sous le nom d'Amitayus, le *bouddha* de la Longévité Infinie). Composé en Inde aux premiers siècles de notre ère, ce *sutra* eut une énorme influence sur la pratique du bouddhisme mahayanique en Inde et sur les pays de culture bouddhique du nord et de l'est de l'Asie.

Selon la tradition rattachée à ce texte, un *bodhisattva* nommé Dharmakara promit que lorsqu'il atteindrait l'Éveil, et serait devenu *bouddha* Amitabha (ou Amitayus), il créerait un pays bienheureux où les êtres vivants ne connaîtraient plus la souffrance. Cette terre est représentée comme un paradis céleste, pleine de beaux arbres, de bassins de lotus, et de chants d'oiseaux glorifiant les vertus du *bouddha*. Quiconque se rappelle le nom de *bouddha* Amitabha y renaîtra et s'acheminera de manière irréversible vers l'Éveil.

Dans cette tradition, la clé du salut tient à la promesse de Dharmakara, dont le vœu se réalise au moment où il accède à l'Éveil, permettant ainsi aux hommes de renaître sur la Terre de béatitude, selon la grâce accordée par le *bouddha*.

CHAPITRE TROIS

TEXTES SACRÉS

Selon la tradition, le Bouddha réalisa son Éveil en méditant silencieusement sous l'arbre sacré. Même si pour beaucoup de bouddhistes le sens de cette opération ne peut s'exprimer verbalement, cela n'a pas empêché que se développe une doctrine exposée dans des écrits d'une grande complexité.

Chacune des premières écoles bouddhistes élabora des textes canoniques, dont ne subsiste aujourd'hui que le canon du bouddhisme theravada écrit en langue pali. En Inde, l'apparition du courant mahayana donna lieu à de nouveaux textes scripturaires et à de nouveaux problèmes d'interprétation. Les canons du bouddhisme chinois et tibétains constituent, eux, une énorme mine d'informations sur la tradition bouddhique en même temps qu'un éloquent témoignage de sa vitalité.

PAGE CI-CONTRE : un fidèle bouddhiste faisant tourner un « moulin à prières » au temple de Kyicho, au Bhoutan. Chaque « moulin » se compose d'un cylindre contenant des textes de prières censées agir quand le cylindre est mis en rotation par le fidèle.

Après la mort du Bouddha, ses disciples convoquèrent un premier concile pour récapituler le contenu de son enseignement (voir p. 15). Ce concile mit au point une procédure de mémorisation qui, durant presque cinq siècles, permit une transmission orale, avant même que n'intervienne un enregistrement par écrit. Toutes les cultures bouddhiques possèdent des écrits canoniques qui sont souvent l'objet d'une grande vénération, toutefois, la tradition orale reste d'une importance cruciale.

Cependant, si la littérature canonique est très diversifiée (des textes nouveaux lui sont même souvent ajoutés), elle n'en fait pas moins autorité, parce qu'elle retranscrit l'enseignement du Bouddha et permet également, dans une certaine mesure, d'accéder au Bouddha lui-même. Les textes sacrés du bouddhisme représentent l'aspect le plus important, le plus durable, du Bouddha – ce que les bouddhistes appellent le « Corps de la loi (*dharma*) ». Un vers de la *Nikaya Samyutta* en pali dit : « Qu'y a-t-il à voir, Vakkali, dans ce corps ignoble ? Celui qui voit le *dhamma* [*dharma* en pali] me voit ; celui qui me voit voit le *dhamma*. » Le *dharma*/*dhamma* est assimilé à la présence continue du Bouddha dans la communauté bouddhique et il mérite autant le respect que le Bouddha lui-même. Réciter ou recopier des textes bouddhiques est souvent un acte de dévotion en soi. Il n'est pas inhabituel, particulièrement dans la tradition mahayanique, de placer des textes sur les autels où ils seront vénérés au même titre que telle ou telle image du Bouddha.

Le canon le plus classique du bouddhisme se trouve dans le *Tipitaka* (« Trois Corbeilles ») du bouddhisme theravada. Écrit en langue pali (on l'appelle souvent le canon pali), il contient les éléments les plus anciens de la tradition orale, ainsi que des textes probablement rédigés au IIe siècle av. J.-C. Le *Tipitaka* (en sanskrit *Tripitaka*) est supposé avoir été écrit en 29 av. J.-C., sous le règne de Vattagamani roi du Sri Lanka.

Les « trois corbeilles » correspondent aux trois parties du canon pali : la *Sutta* (en sanskrit *Sutra*) *Pitaka*, la *Vinaya Pitaka*, et l'*Abhidhamma* (en sanskrit *Abhidharma*) *Pitaka*. La *Sutta Pitaka* renferme les discours doctrinaux du Bouddha, ainsi que de brefs poèmes et de longs récits en prose sur ses vies antérieures. La *Vinaya Pitaka* traite des règles de discipline et comporte des récits illustrant les principes de la morale bouddhique. L'*Abhidhamma Pitaka* présente une analyse systématique des catégories de la pensée bouddhiste.

L'interprétation traditionnelle du canon pali doit beaucoup au moine Buddhagosa qui passa du Sri Lanka en Inde au Ve siècle de notre ère. Il recueillit et traduisit un vaste corpus de commentaires cingalais sur les textes pali, et son œuvre la plus importante, le *Visuddhimagga* (« Chemin de la purification »), est un guide qui fait autorité pour la pratique du bouddhisme theravada.

Le développement du bouddhisme mahayana est étroitement lié à l'évolution et à la diffusion de ses écrits, dont les plus anciens datent du Ier siècle av. J.-C. Certains des plus importants furent traduits en chinois dès le IIe siècle de notre ère, mais ceux à qui on attribua un statut canonique furent élaborés en Inde après 1100. Cependant, bien que des recueils non-officiels aient existé depuis le IIe siècle de notre ère, l'Inde n'a jamais fourni un canon mahayana aussi clairement fixé que le canon pali.

En Chine, le plus ancien catalogue qui nous soit connu des écrits canoniques date de 518 apr. J.-C. La première version imprimée du *Tripitaka* chinois remonte au début de la dynastie des Song, entre 972-983. Le canon tibétain fut mis au point par le lettré Buton (1290-1364) et imprimé pour la première fois en totalité à Pékin au début du XVe siècle.

Les canons chinois et tibétain donnent l'impression de n'être que des catalogues de bibliothèque monastique : le concept de « canonicité » y est pratiquement

Ces sutra *de la Sagesse Parfaite (*XIIe *siècle) sont écrits sur des feuilles de palmier qui ont été reliées l'une à l'autre par un fil (*sutra *signifie littéralement « fil »).*

inconnu. Certains textes (connus en sanskrit sous le nom de *sutra* et en tibétain sous celui de *bKa'*), toutefois, relèvent directement de l'autorité des *bouddha* et des *bodhisattva*. Il s'agit des *sutra* de la Sagesse Parfaite (en sanskrit *Prajnaparamita*), qui présentent quelques-uns des éléments les plus fondamentaux de l'idéal du *bodhisattva* et la notion de « vacuité ». À partir d'un texte initial assez court, les *sutra* de la Sagesse Parfaite s'allongèrent au point de comporter cent mille vers et furent ensuite condensés dans des textes plus brefs comme les *sutra* du Diamant et du Cœur.

La collection la plus abondante de textes tantriques se trouve dans le canon tibétain. Comme dans les autres écrits canoniques du bouddhisme, on y trouve une grande diversité formelle, depuis de simples chansons jusqu'aux commentaires détaillés sur les rites et le symbolisme tantriques. La tradition tibétaine classe habituellement les textes tantriques en quatre catégories : le rituel (*kriya*), la pratique (*charya*), la discipline (*yoga*) et la discipline suprême (*anuttarayoga*). Le *Tantra Mahavairochana* (« *tantra* du grand Vairochana »), qui joua un rôle crucial dans le tantrisme chinois et japonais, appartient à la *charya*. De la catégorie *anuttarayoga* relèvent des textes comme le *Tantra Hevajra* et le *Tantra Guhyasamaja* centrés sur l'expérience de la « vacuité ».

En Asie orientale, le *sutra* du Lotus est pratiquement un abrégé de la doctrine mahayaniste et a profondément influencé l'évolution religieuse et philosophique de cette tradition. Le *sutra* du Lotus est à l'origine de la célèbre parabole dans laquelle le Bouddha est identifié à un père qui parvient à faire sortir ses enfants d'une maison en feu en leur promettant différents « véhicules ». Quand les enfants sont sortis, il leur donne le « Grand Véhicule ». Cette parabole met en lumière le rapport entre l'enseignement du bouddhisme mahayana et celui des véhicules « inférieurs », autrement dit les écoles les plus anciennes.

L'énorme diversité des Écritures bouddhiques a conduit à de multiples controverses sur leur validité et leur interprétation. Des membres des dix-huit écoles (*nikaya*, voir p. 16) contestèrent le mahayana en affirmant que ses *sutra* n'étaient pas le réel enseignement du Bouddha. Les mahayanistes répondirent que l'enseignement des écoles n'était qu'un enseignement préparatoire, qui devait maintenant être remplacé par celui de la tradition mahayaniste. À l'intérieur même du bouddhisme mahayana, l'école de Madhyamaka avança que seuls certains textes du mahayana étaient immédiatement accessibles (*nitartha*), tandis que d'autres exigeaient une interprétation (*neyartha*). Les traditions chinoises et tibétaines proposèrent une classification complexe pour dépasser les contradictions et déterminer les textes sur lesquels on pouvait s'appuyer pour un enseignement qui fasse autorité. La tradition tantrique a également traité de ces problèmes d'interprétation en avançant que le sens des *tantra* était délibérément voilé et ne pouvait être correctement interprété que par un maître qualifié (en sanskrit, un *guru* ; en tibétain, un *lama*).

Le sermon sur la mise en mouvement de la roue du *dharma*

“ Ainsi ai-je entendu. Un jour, le Seigneur se trouvait dans le parc des Gazelles à Isipatana, près de Bénarès. Là le Seigneur s'adressa à un groupe de cinq moines : « Ô moines, celui qui s'est engagé dans la vie monastique doit éviter deux extrêmes. L'un est de s'abandonner aux passions et aux plaisirs mondains. Cela est bas, indigne, et vain. L'autre est de se mortifier. Cela est douloureux, indigne, et vain. Évitant ces deux extrêmes, ô moines, le Tathagata a pris le Chemin du Milieu, qui ouvre les yeux et donne la connaissance, et conduit au calme, à une vision supérieure, à l'Éveil, et au *nirvana*.

Et quel est, ô moines, le Chemin du Milieu ? C'est le Noble Chemin Octuple : compréhension droite, attention droite, pensée droite, parole droite, moyens d'existence droits, effort droit, application droite et concentration droite. Tel est, ô moines, le Chemin du Milieu pris par Tathagata. Il ouvre les yeux, il donne la connaissance, et il conduit au calme, à une vision supérieure, à l'Éveil, et au *nirvana*. » ”

Extrait de *Samyutta Nikaya*, LVI. 11, édité par M. Leon Feer, Londres, 1898, d'après la traduction de Malcolm David Eckel

Commentaire

Le bouddhisme fait remonter sa tradition scripturaire au premier sermon du Bouddha, connu sous le non de « discours sur la mise en mouvement de la roue du *dharma* [la Loi] ». La version pali donne un résumé succinct de la doctrine bouddhiste et de son Chemin du Milieu. On a comparé l'enseignement du Bouddha à un radeau – après avoir utilisé un radeau pour traverser un fleuve, on l'abandonne et on poursuit sa route. Quand quelqu'un se sert du *dharma* pour franchir le fleuve de la souffrance, les mots du *dharma* peuvent être laissés là une fois le fleuve traversé.

Avec son approche très pragmatique des Écritures canoniques, la tradition bouddhique a fait preuve de beaucoup de souplesse quant à la possibilité de produire de nouveaux textes adaptés à des situations culturelles inédites. En mettant en place une nouvelle interprétation du sermon de Bouddha, les *sutra* du bouddhisme mahayana introduisirent l'idéal du *bodhisattva*. Les *tantra* du bouddhisme vajrayana constituèrent, eux, un nouveau corpus scripturaire visant à « éveiller » par une nouvelle méthode. De même, le bouddhisme chinois a lui aussi produit de nouvelles Écritures. Enfin, la vitalité du bouddhisme au Tibet s'explique en partie par cette capacité à s'adapter à de nouveaux contextes.

CHAPITRE QUATRE

PERSONNAGES SACRÉS

Le but de la vie bouddhique étant de suivre l'exemple du Bouddha, on ne s'étonnera pas de rencontrer dans cette religion quantité de personnages remarquables. À l'époque même du Bouddha, des moines et des nonnes suivirent ses traces et, selon la tradition, accédèrent au *nirvana*. À mesure que les communautés monastiques se transformaient en centres d'enseignement et de méditation, leur importance ne cessa de grandir dans la tradition indienne comme dans tout le reste de l'Asie.

Avec l'apparition du bouddhisme mahayana et l'idéal du *bodhisattva*, il n'était plus indispensable d'être moine ou nonne pour suivre l'exemple du Bouddha. Dans le bouddhisme mahayana, beaucoup atteignirent un haut niveau de sainteté sans appartenir pour autant à une communauté monastique.

PAGE CI-CONTRE : ces nonnes tibétaines participent à un débat dans la cour du couvent de Dolma Ling à Dhramsala, en Inde.

Devenir un « saint homme » dans la tradition bouddhique, c'est avant tout imiter l'exemple du Bouddha, et donc s'engager dans une vie de moine à la recherche de l'illumination parfaite, le *nirvana*. Ce fut le cas des premiers disciples, comme Shariputra (en pali, Sariputta). Peu après sa conversion, celui-ci devint un *arhat*, c'est-à-dire un « méritant » qui, comme son maître, atteignit le *nirvana*. Son ami Maudgalyayana (en pali, Moggallana) se convertit en même temps que lui et devint également un « saint ». Il est réputé posséder le pouvoir magique de dompter les forces hostiles de la nature et de s'élever à volonté jusqu'aux plus hauts niveaux du cosmos. Le bouddhisme chinois le popularisa sous le nom de Mulian, héros légendaire qui se rendit en enfer pour intercéder en faveur de sa mère.

L'un des plus remarquables disciples fut Angulimala (« guirlande de doigts »), dont il est dit qu'avant de rencontrer le Bouddha il était un tueur impitoyable qui portait en collier les doigts de ses victimes. Ayant fait la connaissance du Bouddha, il fut si bouleversé parce qu'il lui révéla du *dharma* qu'il se fit moine et accéda par la suite au *nirvana*.

Les monastères indiens des siècles ultérieurs produisirent à leur tour des personnalités renommées pour leur courage, leur enseignement, ou la profondeur de leur méditation. Le moine chinois Xuanzang (596-664) se rendit en Inde dans la première partie du VIIe siècle, y étudia la philosophie dans les monastères, et nous a laissé le portrait de moines lettrés rivalisant entre eux pour obtenir la protection royale dans leurs débats publics. Parmi les personnalités de ce monde monastique très sophistiqué, citons les philosophes mahayaniques Shantarakshita et Kamalashila, qui présidèrent à la fondation du premier monastère tibétain, et Atisha, qui participa à la réintroduction du bouddhisme au Tibet.

Le nombre des grandes figures du monachisme bouddhique en Asie et au Tibet est presque illimité. Au Sri Lanka, par exemple, le moine indien Buddhaghosa (Ve siècle apr. J.-C.) recueillit les commentaires cingalais et donna sa forme définitive au bouddhisme theravada en Asie du Sud-Est. En Chine, le moine Huineng (638-713), devint le sixième patriarche et fonda l'école Chan (« l'école de la méditation ») ; la version iconoclaste de la tradition Chan devint par la suite dominante en Chine et fut à l'origine du zen japonais.

Le moine japonais Kukai (ou Kobo Daishi : 774-835) voyagea en Chine et en ramena une forme de bouddhisme tantrique devenue au Japon l'école Shingon. Il introduisit également un système d'écriture phonétique utilisé dans le Japon d'aujourd'hui pour compléter l'usage des caractères chinois. Durant la période Kamakura, le moine Dogen (1200-1253) suivit l'exemple de Kukai et ramena de Chine un nouveau type de méditation qui fut à l'origine de l'école du Zen Soto. Dans le Tibet du XIVe siècle, le moine Tsong kha pa (1357-1419) réalisa une extraordinaire synthèse intellectuelle qui inspira à la fois la tradition Gelupka et l'école des dalaï-lamas.

La pratique monastique du bouddhisme s'est perpétuée jusqu'à aujourd'hui avec des figures aussi révérées que Thich Nhat Hahn (né en 1926), moine vietnamien qui dirigea la délégation bouddhiste pour la paix pendant la guerre du Vietnam, et qui prêche en Occident la vertu bouddhiste de « concentration mentale ». Enfin, pour beaucoup de gens, bouddhistes ou non, peut-être l'exemple vivant le plus connu de l'idéal bouddhique est-il Tenzin Gyatso, le quatorzième dalaï-lama (voir p. 99).

La tradition tantrique, particulièrement au Tibet, présente une interaction complexe entre l'idéal du moine lettré vivant en communauté et celui du *siddha* (« saint ») solitaire. On trouve ainsi dans la tradition du tantrisme indien des *siddha*, comme Maitrigupta (ou Maitripa), que leur méditation conduisit aux franges de

Moine japonais recueillant les aumônes. Les mots bhikshu *(« moine ») et* bhikshuni *(« nonne ») viennent d'une même racine qui signifie « mendier » en sanskrit.*

la civilisation, sous la conduite de maîtres charismatiques et anticonformistes. Padmasambhava, le « saint » du tantrisme indien qui participa à la fondation du premier monastère tibétain, est dépeint comme un personnage solitaire aux pouvoirs extraordinaires. Il en va de même pour son épouse Ye-sehes-to-gyal.

Le « saint » tibétain Milarepa (1040-1123) travailla durant des années avec son *guru*, l'irascible Marpa, avant d'être initié et de se retirer dans les montagnes où il vécut dans la solitude.

L'un des développements institutionnels les plus importants de l'idéal *bodhisattva* fut la mise en place d'une sorte de royauté sacrée. Cette tradition s'implanta dans le bouddhisme au IIIe siècle av. J.-C., sous le règne de l'empereur Ashoka, auquel fut reconnu un statut spécial de *Dhamma-raja* (en sanskrit, *Dharma-aja,* le « roi droit ») en raison de sa politique de protection et de promotion du *dharma* (voir p. 16).

Avec le développement du bouddhisme mahayana, on en vint à considérer les princes et les rois bouddhistes comme *des bodhisattva*. Il en fut ainsi du prince Shotoku, qui joua un rôle crucial dans l'introduction du bouddhisme au Japon, et des dalaï-lamas du Tibet, vénérés en tant qu'incarnations du *bodhisattva* céleste Avalokiteshvara. C'est ce statut privilégié qui permit aux dalaï-lamas d'assumer les responsabilités du pouvoir politique et religieux au Tibet.

Parmi les personnages exemplaires de l'idéal monastique se trouvent aussi des femmes. De son vivant, le Bouddha ordonna sa tante et créa un ordre de religieuses. Par ailleurs, le canon pali comporte un texte connu sous le nom de *Therigatha* (les « Vers des Anciennes ») qui présente de nombreux chants attribués à des nonnes des temps anciens. Aujourd'hui, les couvents de femmes ont disparu dans beaucoup de pays bouddhiques, mais il y a encore des ordres féminins en activité au Tibet et en Chine, et des mouvements ont été mis sur pied pour les faire revivre dans d'autres pays.

Durant la période Kamakura au Japon, plusieurs courants importants ont rompu avec l'idéal monastique et ont autorisé leurs dirigeants à se marier. Aujourd'hui encore, la direction du *Jodo Shinshu* (« Secte de la véritable Terre pure ») est assurée par un clergé dont les membres peuvent se marier et ne suivent pas les règles de la vie monastique.

Milarepa rencontre son maître

« Un grand moine aux yeux étincelants était en train de labourer un champ en bordure de la route. Sitôt que je le vis, je ressentis un sentiment de béatitude inconcevable. Pendant un moment, son aspect me cloua sur place. Puis je dis :

— Monsieur, on m'a dit que Marpa le traducteur, disciple du glorieux Naropa, habite en cet endroit. Où est sa maison ?

Durant un long moment, il me regarda de haut en bas. Puis il dit :

— D'où êtes-vous ?

— Je suis un grand pécheur venant du Haut-Tsang. Il est si connu que je suis venu l'interroger sur le vrai *dharma*.

— Je te conduirai à Marpa, mais pour l'instant laboure ce champ.

Il prit au sol de la bière qui était cachée sous un chapeau et il m'en donna. C'était de la bonne bière, et d'un goût excellent. Il me dit :

— Travaille dur, et il s'en alla. »

Mi la ras pa'i mam thar (Texte tibétain sur la vie de Milarepa), édité par J.-W. de Jong, Mouton & Co, Dordrecht, 1959, d'après la traduction anglaise de Malcolm David Eckel.

Commentaire

Dans le récit de Milarepa, saint tibétain (1040-1123), peu d'épisodes sont aussi spectaculaires que sa première rencontre avec Marpa, l'homme qui devait devenir son maître. Milarepa avait étudié la magie noire et il s'en était servi pour se venger de parents hostiles. Tourmenté par son crime, il se mit en quête d'un maître qui pourrait l'aider à le débarrasser du poids de son péché. Marpa accepta de l'instruire, le soumit à une punition et à une discipline rigoureuses avant de lui donner l'initiation qui le libéra. L'humilité de Milarepa et sa volonté d'accepter les épreuves les plus pénibles pour atteindre la vérité, ont fait de lui l'un des saints les plus vénérés au Tibet.

La relation maître/disciple est fondamentale dans la pratique de nombreuses traditions bouddhiques. Les récits consacrés au Bouddha soulignent souvent son aptitude à percevoir les besoins particuliers de ses disciples et à leur présenter un enseignement qui leur soit bénéfique. Dans le bouddhisme tantrique, le maître est assimilé à un représentant du Bouddha qui guide l'élève dans son cheminement. Dans le bouddhisme chan (ou zen), le maître transmet un enseignement « au-delà des mots et des lettres » qui remonte au Bouddha lui-même.

CHAPITRE CINQ

PRINCIPES ÉTHIQUES

Les analyses de l'éthique bouddhiste mettent traditionnellement l'accent sur le « Noble Chemin Octuple » qui mène du monde de la souffrance à l'entrée dans le *nirvana*. Quiconque suit ce chemin doit éviter les mauvaises actions, comme le meurtre et le vol, dont les conséquences sont négatives. Il convient également de discipliner l'esprit par la méditation et de prendre conscience de la nature de la réalité.

Dans le détail, la morale bouddhiste a pu varier selon les pays et la tradition religieuse qui y prédomine, notamment dans les pays du bouddhisme mahayana où l'idéal du *bodhisattva* compatissant a eu tendance à se substituer à l'idéal plus contemplatif du solitaire en quête du *nirvana*. Mais l'éthique bouddhiste a toujours été soucieuse d'aider au développement de la personnalité dans son intégralité.

PAGE CI-CONTRE : peinture chinoise du XIIe siècle représentant le Bouddha faisant l'aumône aux pauvres, exemple de la « bonne action » qui aidera l'âme à progresser sur la voie du nirvana.

L'esprit de l'éthique bouddhiste apparaît clairement dans le récit d'un homme nommé Malunkyaputta. Celui-ci déclara au Bouddha qu'il ne prêtera pas l'oreille à son enseignement tant qu'il n'aura pas répondu à ces questions : « comment le monde a-t-il été créé ? » et « le Bouddha existera-t-il après sa mort ? ». Le Bouddha répondit alors à Malunkyaputta en le comparant à un homme atteint par une flèche empoisonnée mais qui refuse de la faire arracher avant que le médecin lui dise de quel bois elle est faite, qui l'a tirée, etc. Pour les bouddhistes, toute spéculation n'est valable que si elle peut aider concrètement à retirer la « flèche de la souffrance » et à trouver la voie du *nirvana*.

Dans les contrées ou domine le bouddhisme mahayana, l'idéal éthique du *bodhisattva* est devenu le premier principe de la morale, pour les moines et les nonnes autant que pour les fidèles laïcs. Le *bodhisattva* cultive les vertus de compassion (*karuna*) et de sagesse (*prajna*), que résume le vœu du *bodhisattwa* : « Accéder à la « bouddhéité » pour le bien de tous les êtres ! »

La vertu de compassion consiste à soulager la souffrance d'autrui, et donc aussi à aider les autres à atteindre le *nirvana*, même si cela doit conduire le compatissant à reporter à plus tard sa propre délivrance. La sagesse relève davantage de la contemplation : il s'agit de voir à travers le « voile d'illusion » qui obscurcit l'expérience ordinaire, et par là même empêche de se libérer de la souffrance.

Suivre les préceptes du « Noble Chemin Octuple » permet de se délivrer de la souffrance. Il s'agit d'un processus d'autodiscipline constitué de huit principes : « compréhension droite », « attention droite », « pensée droite », « parole droite », « moyens d'existence droits », « effort droit », « application droite », « concentration droite ». Par ailleurs, les préalables indispensables pour accéder au *nirvana* peuvent se résumer en trois principes : abstention de toute action nocive (*shila*, « conduite morale »), avoir un esprit discipliné (*samadhi*, « concentration mentale ») et une bonne compréhension de son moi et du monde (*prajna*, « sagesse »). Ces principes sont à rattacher à la conception bouddhiste de la loi du *karma* qui préside au procès de la mort et de la réincarnation. On doit s'abstenir de toutes actions nocives car celles-ci conduisent au châtiment dans une vie future et rendent ainsi doublement difficile d'échapper au cycle de la mort et de la réincarnation. La « concentration mentale » aide à en finir avec les passions qui mènent aux actions nocives. La « sagesse », elle, nous détourne d'une conception erronée de soi dont se nourrissent le désir, la haine et les actions nocives.

Pour les fidèles laïcs du bouddhisme theravada, comme pour beaucoup d'autres bouddhistes, la « conduite morale » se résume à cinq préceptes : ne pas tuer, ne pas voler, ne pas se livrer à la fornication, ne pas mentir et ne pas boire de boissons alcooliques. Les moines novices du bouddhisme theravada observent cinq préceptes supplémentaires : ne pas manger après midi, ne pas se parfumer, ne pas fréquenter les lieux de distraction, ne pas utiliser d'argent et ne pas dormir dans des lits moelleux. Une fois ordonnés, les moines doivent obéir à plus de deux cents règles enregistrées dans la *Vinaya Pitaka*.

La pratique de la « concentration mentale » (*samadhi*) peut prendre dans le bouddhisme des formes très diverses. L'une des techniques de base consiste à être assis le dos droit et les jambes croisées afin de se concentrer sur sa respiration, pour calmer l'esprit, diminuer les émotions nocives et prendre davantage conscience de la réalité mouvante dont sont faits le moi et le monde. Dans d'autres types de méditation, on se donne délibérément des images mentales, souvent de *bouddha* et de *bodhisattva*, qui servent à focaliser l'attention.

La mise en pratique de la « sagesse » (*prajna*) prend également beaucoup de formes différentes. Dans le bouddhisme theravada, elle est associée à l'étude de l'*Abbidhamma*, la troisième partie du canon pali, dont la notion-clé est l'idée de la « négation du moi ». Être sage, c'est voir que le moi change à tout instant et n'a pas d'identité permanente. Dans le bouddhisme mahayana, l'idée de « négation du moi » se traduit par la doctrine de la « vacuité », toutes les choses étant perçues comme « vides » d'identité. Le *nirvana* n'est plus alors seulement un but qu'on atteint à la fin d'un long processus d'autodiscipline : on peut en faire l'expérience dans le « vide » de l'instant présent.

Moine assis contemplant des Écritures bouddhiques dans le grand temple d'Angkor Thom, au Cambodge.

Les fondements de la concentration

“ Un jour qu'il se trouvait seul à Uruvela, sous un figuier au bord du fleuve Neranjara, venant de s'éveiller, le Seigneur eut la pensée suivante : « Tel est le seul moyen pour les êtres vivants de se purifier, de triompher de la peine et de la douleur, de mettre fin à la souffrance et à la tristesse, d'accéder au droit chemin et au *nirvana*, ce sont là les quatre fondements de la concentration. Quels sont-ils ?

Un moine doit vivre de telle sorte qu'il pratique la « contemplation du corps ». Il doit être énergique, attentif, et concentré, et il doit se prémunir contre la convoitise et l'insatisfaction. Il doit en être de même pour ses sentiments, son esprit, les états mentaux. C'est le seul moyen pour les êtres vivants de se purifier, de triompher de la peine et de la douleur, de mettre fin à la souffrance et à la tristesse, d'accéder au droit chemin et au *nirvana*, ce sont là les quatre fondements de la concentration. ”

Samyutta Nikaya XLVII. 18, d'après la traduction anglaise de Malcolm David Eckel.

Commentaire

Tranquillité d'esprit et apaisement des passions son autant de préalables à la réalisation du *nirvana*. Dans la tradition mahayanique, la concentration est un préalable à la compassion : c'est seulement quand on a l'esprit tranquille et concentré qu'on peut être attentif à la souffrance d'autrui.

Les bouddhistes commencent souvent leur méditation par un simple exercice de concentration. Cela peut se faire en prenant la posture traditionnelle de la méditation – assis les jambes croisées, en prêtant attention au seul mouvement de la respiration. Mais ce type de concentration peut s'étendre à toute forme d'activité. Quand on est couché, par exemple, il convient de prendre conscience qu'on est couché.

À son niveau le plus fondamental, cette pratique vise à cultiver la présence d'esprit c'est-à-dire prendre conscience des pensées et des sensations qui ne cessent d'envahir l'esprit dans l'expérience quotidienne. Mais la concentration permet aussi à l'esprit de se calmer, exactement comme les eaux d'un lac se calment lorsqu'il n'y a plus de vent pour soulever les vagues, ou comme un feu se calme et s'éteint quand il n'est plus alimenté.

CHAPITRE SIX

LIEUX SACRÉS

Dans la tradition bouddhique, un lieu devient sacré dès lors qu'il est associé au Bouddha ou à tel autre personnage sacré. Historiquement, le prototype du sanctuaire bouddhiste est le *stupa*, le monument funéraire qui contenait les reliques des cendres du Bouddha. Les *stupa* continuent d'être des lieux de culte importants, non seulement en Inde septentrionale mais dans tout le monde bouddhique, comme en témoignent les temples consacrés à tels ou tels *bouddha* ou *bodhisattva*.

Au même titre que l'endroit où le Bouddha réalisa son Éveil, le cosmos lui-même peut être considéré comme sacré. Il peut en aller de même pour un pays – le Tibet, par exemple – ou pour des sites géographiques particuliers, comme des montagnes, associés à des divinités bouddhiques.

PAGE CI-CONTRE : le maître Soen Ozeki ratissant le gravier dans le jardin zen de Daisen-in à Kyoto, au Japon. Le gravier blanc symbolise la pureté de l'esprit. L'arbre est symbole de l'Éveil du Bouddha.

Quand il fit part de ses dernières volontés, ainsi qu'il est rapporté dans le *Mahaparinibbana Sutta aâli*, le Bouddha demanda à ses disciples d'incinérer son corps et d'en recueillir les restes dans des *stupa*, monuments commémoratifs destinés à devenir des lieux de culte et de méditation. La forme habituelle d'un sanctuaire bouddhiste reprend celle des premiers *stupa*, c'est-à-dire un grand tumulus entouré d'une balustrade et surmonté d'une structure carrée comportant elle-même un pilier central autour duquel des parasols se succèdent en hauteur. Dans les premiers *stupa*, les reliques du Bouddha étaient conservées dans la structure carrée ; elles furent ensuite placées dans le tumulus central. En Inde, avec l'évolution de la forme architecturale des *stupa*, on en vint à décorer le tumulus de représentations du Bouddha, de reliefs évoquant des épisodes de sa vie, etc. Les offrandes étaient du même type que dans les cultes hindous, fleurs, encens et chandelles. Le fidèle pouvait également tourner autour du monument dans un acte de déambulation rituelle.

L'architecture du *stupa* a pris des formes différentes selon les pays. En Asie du Sud-Est, on retrouve le plus souvent la forme basse, arrondie, du *stupa* traditionnel. Au Tibet, le monument s'est allongé verticalement de manière considérable. En Chine, en Corée et au Japon, la forme élancée des pagodes s'inspire des gracieux parasols qui ornaient habituellement le haut des *stupa* indiens.

À Borobudur, dans le magnifique temple bouddhiste de Java, le sentier de déambulation traditionnel s'est transformé en une série de galeries se succédant en hauteur, décorées d'épisodes tirés de la vie de Sudhana, jeune pèlerin mahayaniste parti à la recherche de l'Illumination. Au sommet de la structure, le fidèle se trouve face à une vaste plate-forme à ciel ouvert comportant tout un ensemble de *stupa* dont chacun présente une statue du Bouddha assis. Au centre de la plate-forme, se dresse un grand *stupa* dépourvu de représentation, qui symbolise, semble-t-il, le vide parfait auquel est parvenu le Bouddha dans sa méditation.

Dans le bouddhisme indien, la construction des temples s'est inspirée du style hindouiste. Les premiers furent creusés dans des grottes en Inde du Nord. Habituellement, l'entrée de la grotte conduisait à un vaste espace où les fidèles se rassemblaient face à un petit *stupa* ou à une statue du Bouddha. Parfois, celle-ci était placée dans une salle à part semblable à la *garbha-grha* (« maison-matrice ») d'un temple hindou. Ces dernières années, on s'est efforcé de reconstruire certains des grands temples du bouddhisme indien qui avaient été détruits au XIIe et au XIIIe siècle : c'est le cas du temple de Bodh Gaya, l'endroit même où le Bouddha réalisa son Éveil.

L'influence de l'architecture indienne se retrouve dans l'ensemble du monde bouddhique. Le temple de la Dent à Kandy, au Sri Lanka, et celui du Bouddha d'émeraude à Bangkok, en Thaïlande, sont également des

Le temple bouddhique de Borobudur sur l'île de Java, en Indonésie. Cette remarquable transformation du stupa *traditionnel est une représentation du cosmos en trois dimensions.*

symboles du pouvoir royal dans ces deux pays. le Jokhang de Lhassa est réputé abriter la plus ancienne statue du Bouddha au Tibet et a été pendant des siècles un centre de pèlerinage très important. Au Japon, le grand temple de Nara a joué un rôle décisif dans les rapports entre le bouddhisme et la dynastie impériale nipponne.

Aujourd'hui, les temples bouddhiques sont également présents en Europe et en Amérique du Nord. Los Angeles est parfois considérée comme la ville bouddhiste la plus diversifiée au monde. Parmi les sites bouddhistes de Los Angeles figure le vaste complexe du temple de Shi Lai, élaboré par la riche communauté bouddhiste taïwanaise qui y vit.

L'architecture des monuments sacrés du bouddhisme renvoie à un ordre cosmique. Le dôme central d'un *stupa* est associé au mont Meru, la montagne cosmique du bouddhisme qui marque le centre du monde. De même, les parasols qui s'élèvent successivement sur l'axe central du *stupa* représentent les niveaux célestes, occupés par les différentes catégories de dieux dans l'ancienne tradition indienne. Au-dessus des parasols, dans l'espace vide du ciel, s'étendent la région informelle atteinte par les « saints » parvenus au plus haut degré de méditation et les « champs des *bouddha* » où séjournent les *bouddha* et les *bodhisattva* célestes du bouddhisme mahayana. Ainsi, déambuler rituellement autour d'un *stupa* n'a pas pour seule fonction de remémorer et de vénérer la vie du Bouddha, mais permet également de s'orienter en direction du centre du cosmos.

Dans la tradition indienne, la notion d'espace sacré est particulièrement associée au trône du Bouddha s'éveillant (*bodhimanda*) à Bodh Gaya. Selon les légendes populaires indiennes, c'est sur ce même trône que tous les *bouddha* viennent accomplir leur éveil. La pierre encore visible sous l'arbre de l'Éveil à Bodh Gaya aurait été le sommet d'un trône de diamant s'étendant jusqu'au centre de la terre. Cette notion de « siège » sacré s'applique également à des montagnes sacrées comme le mont Kailasa, au Tibet, et le mont Wutai en Chine, qui sont révérés en tant que trônes de *bouddha* et de puissants *bodhisattva*.

De même, le siège occupé par le bouddhiste ordinaire dans sa méditation peut aussi être sanctifié et devenir sacré. Les fidèles du bouddhisme zen considèrent que le lieu où ils sont assis pour méditer est le trône de tous les *bouddha* passés et à venir.

Dans la tradition bouddhiste, les reliques corporelles et les représentations physiques du Bouddha vénérées dans les sanctuaires constituent son « corps de création ». Son enseignement, qui est son « corps de la Loi », est lui aussi objet de culte. Certains des premiers *sutra* du mahayana indiquent que tout endroit où le *dharma* est exposé doit être traité comme un sanctuaire (*chaitya*) du Bouddha, et d'anciens textes indiens parlent de sanctuaires où une copie des Écritures mahayaniques est offerte en grande pompe à la vénération des fidèles. Cette façon de révérer les écrits sous leur forme matérielle se retrouve dans les temples tibétains, et au Japon, où le *sutra* du Lotus est l'objet d'un respect particulier parmi les sectes Nichiren.

En Inde et ailleurs, toutefois, la sacralité d'un lieu n'était pas nécessairement marquée par un monument architectural. Nombre de voyageurs des temps anciens font référence à des paysages traditionnellement associés à la vie du Bouddha. On mentionnait, par exemple, que les marques sur les rochers près de Sarnath avaient été faites pas la robe du Bouddha quand il avait traversé le fleuve. Dans une ville près de Shravasti, disait-on, une faille s'était ouverte pour engloutir des ennemis du Bouddha. On trouve dans beaucoup d'endroits un culte très vivace des traces de pas du Bouddha, l'exemple le plus connu étant peut-être celui du pic d'Adam, au Sri Lanka. Selon la tradition theravadiste, le Bouddha utilisa son pouvoir magique pour s'envoler vers le Sri

Lanka et aurait laissé l'empreinte de ses pieds en signe de son passage.

Pendant des siècles, les sites sacrés du bouddhisme ont été des lieux de pèlerinage. Comme l'indique le récit chinois du *Pèlerinage à l'Ouest*, les régions du nord de l'Inde associées à la vie du Bouddha attiraient des pèlerins venant de contrées aussi lointaines que la Chine jusqu'à ce que la destruction du bouddhisme indien rende impossible de tels voyages. Mais dans toute l'Asie du Sud-Est et au Tibet, la tradition du pèlerinage s'est maintenue jusqu'à nos jours. Les bouddhistes chinois se rendent ainsi au mont Putuo, sur une petite île au large de la province de Zhejiang, où ils vénèrent le *bodhisattva* Guanyin, qui y aurait résidé. Au Japon, le mont Fuji est révéré par de nombreuses de sectes bouddhistes. D'ailleurs, l'histoire du bouddhisme japonais est riche en souvenir de pèlerins illustres. Certains d'entre eux, comme Eisa et Dogon, les fondateurs de l'école zen, se rendirent en jusqu'en Chine pour y découvrir le *dharma*. D'autres, comme le poète Matsuo Basho (1644-1694), poursuivirent leur quête de l'Éveil sur les routes du Japon.

L'invisible a également sa part, dans la sacralité des lieux. Le *Tantra* apocalyptique *Kalachakra* (la « Roue du Temps »), l'un des derniers textes tantriques rédigé en

Inde, raconte l'histoire d'un royaume mythique, le Shambhala, caché dans les montagnes au nord de l'Inde et gouverné par un roi bouddhiste. Le texte prédit le temps où les forces du mal auront conquis le monde. Le Shambhala deviendra alors visible et le bon roi sortira alors de sa citadelle avec ses armées pour vaincre le Mal et rétablir le règne du *dharma*.

Ce genre de prophétie messianique se retrouve à plusieurs reprises dans l'histoire du bouddhisme. Pour les Tibétains, Shambhala est à la fois une représentation d'un royaume bouddhiste idéal, mais également le symbole de l'idéal auquel on peut parvenir par la méditation. Dans l'imaginaire occidental, l'utopie du Shambhala est reliée à l'idée d'un Tibet conçu comme un paradis bouddhique, dont les modes de vie furent préservés durant des siècles de toute influence extérieure par la muraille infranchissable de l'Himalaya.

Le séjour de Guanyin sur le mont Putuo

« Les sourcils en forme de nouvelle lune
Et les yeux comme deux étoiles brillantes,
Son visage de jade rayonne de joie,
Et ses lèvres semblent un éclair de rouge.
D'année en année son vase immaculé déborde de nectar,
D'où s'élève un bouquet de saule vert.
Elle disperse les huit malheurs ;
Elle pardonne à tous ;
Elle a grande compassion ;
Ainsi règne-t-elle sur la montagne T'ai, Vivant dans la Mer du Sud.
Elle sauve les bons, en quête de leurs voix, Toujours pleine de sollicitude,
Toujours sage et efficace.
Son cœur d'orchidée se plaît dans les grands bambous ;
Chaste, elle aime la glycine.
Elle est la Dame miséricordieuse de Potalaka,
Kuan-Yin [Guanyin] la Vivante, de la Grotte du Bruit des Flots. »

Pèlerinage à l'Ouest, d'après la traduction anglaise de A.-C. Yu, University of Chicago Press, Chicago, 1977, p. 185.

Commentaire

Ces vers tirés du *Pèlerinage à l'Ouest*, le roman du XVIe siècle sur les voyages du moine chinois Xuanzang, évoquent le rapport existant entre le *bodhisattva* Guanyin et le lieu de pèlerinage du mont Putuo, situé sur une petite île au large des côtes du sud de la Chine.

La géographie sacrée du bouddhisme chinois associe trois montagnes à trois grands *bodhisattva* : le mont Wutai, dans la province du Shanxi, est le séjour de Wenshu (en sanskrit, Manjushri), le *bodhisattva* de la sagesse ; le mont Emei, dans le Sichuan, est le séjour de Puxian (en sanskrit, Samantabhadra), le *bodhisattva* de l'action vertueuse ; et le mont Putuo, dans le Zhejiang, est le séjour de Guanyin (en sanskrit, Avalokiteshvara), *bodhisattva* de la compassion. Le mont Putuo finit par être associé à l'île de Potalaka, où séjourne Guanyin, l'Avalokiteshvara de la tradition indienne.

Concernant le mont Putuo, une des légendes parle d'un moine japonais nommé Egaku qui revenait à la voile chez lui avec une statue de Guanyin. Comme son bateau s'approchait du mont Putuo, il s'enlisa. Le moine pria Guanyin de l'aider, et le bateau fut tiré vers une grotte du rivage connue sous le nom de Grotte du Bruit des Flots. Egaku y installa un sanctuaire dédié à la déesse. Aujourd'hui, des pèlerins y viennent de toute la Chine.

CHAPITRE SEPT

RITES ET FÊTES

Le bouddhisme évoque de diverses façons le mouvement des saisons et les étapes de la vie humaines. Si des fêtes et des rituels renvoient explicitement aux épisodes de la vie du Bouddha, à la doctrine du *dharma* ou aux pratiques de la vie monastique d'autres, comme le Nouvel An ou les cérémonies nuptiales, ne se rattachent que très vaguement aux traditions bouddhiques.

Sur un plan plus général, le bouddhisme a parfois été marqué par une théorie qui développe l'idée que l'époque présente est assimilée à une « décadence » et exige une interprétation plus simple, plus concrète, de la pratique du *dharma*. Pour d'autres Bouddhistes, la distinction entre différents moments du temps est sans importance, et la vraie réalité ne peut être appréhendée qu'en s'absorbant dans la sacralité du présent.

PAGE CI-CONTRE : *un jeune garçon se fait raser la tête avant son entrée dans un monastère pour une période de noviciat.*

Pour beaucoup de bouddhistes, les fêtes les plus importantes de l'année renvoient aux épisodes de la vie du Bouddha. Dans les régions du bouddhisme theravada, le moment le plus sacré est le « jour de Bouddha », *Visakha Puja*, qui tombe le jour de la pleine lune dans le mois lunaire de Visakha (avril-mai). Cette fête commémore la naissance, l'illumination et la mort du Bouddha. À cette occasion, les fidèles se rendent dans les monastères, se recueillent dans les sanctuaires ou devant les statues de Bouddha, et assistent aux sermons traditionnels sur sa vie. Les Tibétains célèbrent eux aussi les grands événements de la vie du Bouddha, mais à des moments différents de l'année. Leur fête la plus importante, celle de la conception du Bouddha – son incarnation – est célébrée le quinzième jour du cinquième mois lunaire, et est l'une des manifestations qui marquent le Nouvel An au Tibet.

Des fêtes sont également célébrées autour des reliques du Bouddha. À Kandy, au Sri Lanka, la grande procession en l'honneur de l'une des dents supposées du Bouddha a lieu en juillet ou en août depuis plus de mille ans. Au IXe siècle, un pèlerin chinois, Faxian, en a laissé un témoignage écrit.

Des fêtes en l'honneur de textes sacrés bouddhiques sont couramment organisées. Les fidèles du bouddhisme theravada célèbrent le premier sermon du Bouddha à l'occasion de la pleine lune du huitième mois lunaire, qui coïncide avec le début de la mousson, au moment où les moines font leur retraite annuelle. Au Laos, l'histoire du prince Vessantara, l'une des incarnations antérieures du Bouddha (voir illustration p. 12), est célébrée chaque année. Il en va de même au Tibet pour la commémoration annuelle du *tantra Kalachakra* (voir p. 73) ; et les bouddhistes chinois et japonais ont leurs fêtes annuelles en l'honneur des *sutra*, le plus connu étant celui du Lotus.

Dans les pays du bouddhisme theravada, les débuts de la communauté bouddhique (*samgha*) sont célébrés à la pleine lune du troisième mois lunaire. Les fidèles font rituellement le tour des sanctuaires et assistent à des sermons qui vantent les mérites des moines auprès de leurs frères laïcs. En outre, plusieurs pays commémorent l'arrivée de la communauté monastique sur son territoire, tandis que nombre de monastères célèbrent la date anniversaire de leur fondation.

Dans les pays du sud et du sud-est de l'Asie, les communautés monastiques observent la coutume de la retraite, à l'occasion des pluies de la mousson (de juillet à octobre). Cette coutume remonte aux premiers temps du bouddhisme, quand les pluies rendaient les routes impraticables pour les moines itinérants, lesquels se réfugiaient alors dans les monastères. Pour les moines, cette retraite est une période consacrée à l'étude et à la méditation ; pour les laïcs, son achèvement est l'occasion d'une fête très animée, qui les voit se joindre aux moines pour des processions colorées et apporter des offrandes d'habits et

À Kandy, au Sri Lanka, les fidèles participent à la fête durant laquelle la relique sacrée d'une dent supposée avoir appartenu au Bouddha est portée en procession dans les rues.

autres produits de première nécessité propres à faciliter la vie de la communauté durant l'année à venir.

L'une des fêtes saisonnières les plus importantes, notamment en Asie orientale, est celle du Nouvel An. En Chine et au Japon, sa célébration n'est liée au bouddhisme que de manière indirecte. Au Tibet, les cérémonies font référence à quelques-uns des épisodes miraculeux de la vie du Bouddha, mais leur fonction principale est d'exorciser les mauvaises influences de l'année passée et d'apporter bonheur et prospérité à la communauté nationale.

La fête des Morts a un sens plus explicitement bouddhiste. Célébrée au Japon à la mi-juillet, elle commémore les efforts déployés par Maudgalyayana, un des premiers disciples du Bouddha, pour sauver sa mère décédée.

Les rites de passage sont aussi importants dans le bouddhisme que dans les autres traditions religieuses. Dans les pays du bouddhisme theravada, on pratique toute une série de rituels à mesure que l'enfant avance vers l'âge adulte. En Birmanie, on célèbre successivement l'annonce de la grossesse, la naissance de l'enfant, le moment où un nom lui est attribué, celui des premières boucles d'oreille pour les filles, et pour les garçons celui du premier bandeau dans les cheveux. Le plus souvent, l'origine de ces cérémonies a peu à voir avec le bouddhisme (bien que des moines bouddhistes y viennent souvent réciter des prières). Toutefois, quand un garçon atteint sa dixième année, son ordination monastique sert souvent de rite de passage pour symboliser son passage à l'état adulte. Une fois ordonné moine, un jeune peut ne rester au monastère que le temps d'apprendre à lire et à écrire ; mais il peut également décider de prononcer des vœux définitifs. Le rituel de l'ordination reconstitue l'épisode de la renonciation du Bouddha au monde. On rase la tête du jeune homme, puis celui-ci revêt l'habit monacal et prononce les formules qui marquent son entrée dans l'ordre.

Dans les rites concernant le mariage, le Bouddha, ayant quitté sa famille pour devenir moine mendiant, peut difficilement être un modèle pour l'homme marié. En Asie du Sud-Est, même si les moines sont souvent invités aux mariages, pour recevoir des offrandes et psalmodier des textes porte-bonheur, la tonalité bouddhique de la cérémonie reste très superficielle. En Chine, même chez les bouddhistes, le rituel du mariage est essentiellement marqué par les valeurs chinoises de piété filiale et de vénération des ancêtres. Au Japon, les mariages traditionnels se déroulent dans un contexte shintoïste plutôt que bouddhiste.

Il n'en va pas de même pour les cérémonies mortuaires. Le Bouddha ayant renoncé au monde et aux richesses terrestres après avoir vu successivement un vieillard, un malade et un mort, il est logique que les rites funéraires soient intimement liés aux valeurs bouddhiques. En Chine, en Corée, au Japon, les gens s'adressent aux moines et aux prêtres bouddhistes pour les funérailles de leurs proches, et les liens de la famille avec le temple local sont souvent renforcés par des offrandes annuelles en l'honneur du défunt. En Asie du Sud-Est, les funérailles durent habituellement plusieurs jours et comportent des offrandes et des récitations de *sutra* destinées à conférer des mérites supplémentaires aux défunts dans leur vie *post mortem*.

La temporalité sacrée dans le bouddhisme ne se limite pas à la succession des saisons ni aux événements de la vie individuelle. On y trouve également une tradition qui met en avant le déclin du *dharma* tel qu'il prévalait du temps du Bouddha, et une période de décadence au cours de laquelle il est devenu difficile de le pratiquer comme autrefois. Cette notion a profondément influencé le bouddhisme japonais durant la période Kamakura (1192-1333). Rappelons enfin que pour de nombreux bouddhistes l'Éveil peut intervenir à tout moment : peu importe la manière dont le temps est socialement réparti.

La Décadence du *dharma*

« Le Seigneur Shakya a annoncé à tous les êtres célestes que lors de la cinquième période de cinq cents ans, quand toutes vérités auraient sombré, le *bodhisattva* de la Grande Action serait chargé de sauver les plus méchants parmi ceux qui avilissaient la vérité, soignant les désespérés par un mystérieux remède – l'adoration du Lotus de la Vérité Parfaite. Comment cette annonce pourrait-elle être fausse ? Et si cette promesse a bien été faite, comment les gouvernants du peuple nippon peuvent-ils se croire en sécurité, eux qui, plongés dans le tourbillon de leurs querelles et de leur méchanceté, ont réprimé, injurié, frappé et banni les messagers du Tathagata et ses adeptes chargés par Bouddha de propager le Lotus de la Vérité ?

Les gens diront que c'est une calamité ; pourtant ceux qui propagent le Lotus de la Vérité sont bien les parents de tous ceux qui vivent au Japon [...] Moi, Nichiren, suis le maître et seigneur du souverain, autant que des bouddhistes des autres écoles. Malgré cela, les gouvernants et le peuple nous traitent avec cruauté [...] Et donc les Mongols vont venir les châtier... Il est certain que tous les habitants du Japon souffriront de l'invasion. »

Déclaration de Nichiren sur la décadence du dharma, cité in *Sources of Japanese Tradition*, Wm. Theodore de Bary, Columbia University Press, New York, 1958, pp. 225-226.

Commentaire

Comme dans beaucoup d'autres religions, les premiers disciples bouddhistes eurent le sentiment que la vie était meilleure du temps où le fondateur de leur tradition était encore vivant. Il en résulta une théorie sur le déclin du *dharma* : si pendant les cinq cents premières années après le *parinirvana* du Bouddha, il a été possible de pratiquer le véritable *dharma* (*saddharma*), en revanche, lors des cinq cents années suivantes, on n'avait plus accès qu'à un semblant du *dharma* authentique, et durant les « derniers jours » (en chinois, *mo-fa* ; en japonais, *mappo*) de ces années, le *dharma* commença à disparaître.

Cette idée de déclin eut une influence importante sur la pratique bouddhiste en Inde, en Chine, et au Tibet, mais son impact le plus frappant se situe au Japon, durant la période Kamakura (1192-1333), période de troubles sociaux – le pays était ravagé par une guerre incessante. Pour Shinran et Nichiren, deux réformateurs de l'époque, ces temps de décadence exigeaient une réorientation fondamentale du bouddhisme. Pour Shinran, la solution consistait à s'en remettre au *bouddha* Amida ; pour Nichiren, il fallait s'appuyer sur le *sutra* du Lotus. Les deux réformateurs s'opposèrent alors aux autorités religieuses en place et furent à l'origine de mouvements de masse qui changèrent profondément le bouddhisme japonais.

CHAPITRE HUIT

MORT ET VIE DANS L'AU-DELÀ

Un jour, selon le récit traditionnel de sa vie, Siddharta Gautama, le jeune homme qui allait devenir le Bouddha, traversa un parc à l'extérieur de son palais, où il fit trois rencontres le confrontant au problème de la mort : un malade, un vieillard, et un cadavre. Puis, au cours d'une autre promenade, il rencontra un moine mendiant qui avait renoncé à la vie ordinaire pour échapper au cycle de la mort et de la réincarnation. Ces « Quatre Visions » poussèrent le jeune homme à prendre la voie du renoncement.

À l'instar du Bouddha, les bouddhistes ont une conscience très forte de la mort et cultivent des stratégies propres à en relever le défi, c'est-à-dire des disciplines morales et spirituelles visant à assurer une réincarnation bénéfique et également à se libérer du *samsara*, le cycle sans fin de la mort et de la réincarnation.

PAGE CI-CONTRE : thangka *(peinture pieuse) tibétaine représentant la « roue de la vie » qui symbolise le cycle de la mort et de la réincarnation. On compte six niveaux de réincarnation, et ce sont les actions de la personne durant ses vies antérieures qui déterminent lequel lui sera attribué.*

La conception bouddhiste traditionnelle de la mort est fondée sur l'ancienne doctrine indienne du *samsara*, mot qu'on traduit par « réincarnation » ou « transmigration », mais qui signifie littéralement « errance » d'une vie à une autre. À l'époque du Bouddha, la religion indienne affirmait que la vie était cyclique : l'homme naît, vieillit, meurt, pour se réincarner dans un autre corps, etc. On peut se réincarner sous la forme d'un être humain, d'une divinité, d'un fantôme, ou encore d'un animal ; on peut également renaître, pour être puni, en enfer.

La nature de la réincarnation d'un individu dépend de son *karma*, la valeur morale de ses actes. Quelqu'un qui accumule les mérites (qui possède un bon *karma*) au cours de sa vie se réincarnera dans une situation plus favorable, peut-être même comme un dieu, tandis que ceux qui ont fait le mal connaîtront un sort inverse. Avant de pouvoir être réincarnés sous une forme différente, les moins méritants doivent expier leurs fautes en enfer, dont les divers niveaux s'ordonnent selon la sévérité des punitions. L'étage le plus bas est réservé à ceux qui ont tué leurs parents ou leur maître d'enseignement. De même qu'un condamné à l'enfer peut se racheter et se réincarner une fois encore en être humain, de même le mérite de celui qui s'est élevé jusqu'à la divinité peut s'épuiser, celui-ci redevient alors un simple humain. Pour tous, il y a toujours la possibilité de redescendre.

Traditionnellement, les gens s'efforcent donc d'éviter de faire le mal et accumulent les mérites par leurs actes de piété ou leurs dons aux moines, dans l'espoir d'obtenir une réincarnation plus satisfaisante. Mais, Siddharta Gautama qui vit dans le *samsara*, une suite interminable de morts et de souffrances, décide de briser le cycle : c'est le sens de son Éveil, qui se produisit sous l'arbre de Bodh Gaya. Après avoir triomphé des tentations de Mara, il se concentra et prit la résolution de ne pas se relever avant d'avoir réussi à se libérer du cycle de la mort et de la réincarnation.

Il eut d'abord la révélation de ses naissances antérieures, puis celle des naissances des autres hommes ; et enfin, la révélation des « Quatre Nobles Vérités » : « vérité de la souffrance », « vérité de l'origine de la souffrance », « vérité de la suppression de la souffrance » et « vérité de la Voie ». En effet, l'Éveil du Bouddha commence avec la prise de conscience que toute la vie est faite de souffrance – notamment souffrance de voir un être cher disparaître, comme cela arrive inévitablement. Il s'aperçoit alors que l'origine de la souffrance réside dans le désir, et que le désir naît de l'idée erronée que nous nous faisons des choses, particulièrement de son moi. En rompant avec cette ignorance, Siddharta fut ensuite en mesure de mettre fin à la souffrance dans une expérience que les bouddhistes appellent *nirvana*, mot qui signifie littéralement « éteindre » le feu du désir et de l'ignorance, ces deux combustibles qui ne cessent d'alimenter le *samsara* et sont à l'origine de la douleur.

Le Bouddha parvint au *nirvana* en deux étapes. Au moment de son Éveil, il réalise qu'il n'alimente plus le feu du *samsara* par des actes karmiques, en d'autres termes, tout désir a cessé en lui. Des décennies plus tard, au moment de sa mort, qui est celui de son *pari-nirvana* (« nirvana final » ou « complet »), tout son *karma* résiduel est épuisé et le Bouddha se trouve totalement libéré du s*amsara*.

Des moines et des nonnes ont tenté de suivre l'exemple du Bouddha et se sont pareillement libérés de la réincarnation en renonçant aux plaisirs et aux responsabilités de la vie profane, en pratiquant la méditation, ainsi qu'en ayant une conduite morale irréprochable. Pour tous les bouddhistes, la voie conduisant au *nirvana* implique qu'on suive des préceptes du « Noble Chemin Octuple » (voir p. 59).

Dans le bouddhisme de la Terre pure, l'un des courants du bouddhisme mahayanique surtout présent en Chine, au Japon et au Tibet, le croyant qui psalmodie

Rouleau japonais, du XVIIe siècle, représentant Amida Butsu (Amitabha, en haut à gauche) entouré de fidèles.

avec ferveur le nom du *bouddha* céleste Amitabha (en chinois, Amituo ; en japonais, Amida) est assuré que ce dernier le visitera au moment de sa mort et le fera renaître dans son royaume, le Sukhavati, la « Terre pure céleste » (ou « Paradis de l'Occident »). Là, à l'écart des dissipations terrestres, le fidèle peut se préparer au *nirvana*, qui est garanti à tous ceux qui accèdent à la Terre pure.

Le bouddhisme de la Terre pure tire ses racines de l'idée ancestrale indienne selon laquelle, au moment de la mort, la méditation sur telle ou telle divinité facilite la réincarnation dans le domaine céleste de la divinité en question. La tradition de la Terre pure continue de déterminer les représentations de la mort dans certaines des formes les plus populaires du bouddhisme japonais, notamment les mouvements *jodoshu* (« école bouddhique de la Terre pure ») et *Jodo Shinshu* (« Secte de la véritable Terre pure »), ainsi que dans les Églises bouddhiques d'Amérique.

Au Japon, la tradition du bouddhisme zen veut qu'on compose un poème au moment de mourir. Ces œuvres expriment souvent de manière puissante ce sens du détachement qui marque l'accès du Bouddha à son *parinirvana*. Un guerrier zen, contraint de se suicider par loyauté envers son seigneur féodal, décrit la mort comme une épée tranchante coupant dans le vide et la compare à un vent frais soufflant dans un feu violent – comme si sa propre épée était l'épée de la sagesse du Bouddha qui trancha dans les illusions de la vie et éteignit le feu de l'existence.

Les rites funéraires bouddhistes visent à favoriser une réincarnation positive du défunt. Au Tibet, ils sont même censés permettre à ce dernier de se libérer du *samsara*. Le *Livre des morts* tibétain est l'un des textes funéraires bouddhiques les plus connus. Pendant quarante-neuf jours, ce qui représente la période supposée nécessaire à la réincarnation d'une personne dans une autre vie, un lama psalmodie les mots du texte, d'abord en présence du cadavre, puis devant une représentation du mort.

Le texte évoque toute une série de *bouddha* bienveillants ou redoutables qui apparaîtront au défunt dans le « royaume intermédiaire » (*bar-do*), qui se situe entre la mort et la réincarnation. Le mort doit alors s'apercevoir que ces formes ne sont rien d'autre que des manifestations de son propre esprit. Selon le texte, le défunt a la possibilité de s'unir à ces formes, et ainsi de se libérer du cycle de la mort et de la réincarnation. Pour ceux qui n'y parviennent pas, le *Livre des morts* explique comment réussir une réincarnation positive.

Poèmes japonais composés au moment de mourir

« L'épée tranchante, dégainée,
Tranche dans le vide –
Dans le feu qui fait rage
Souffle un vent frais. » Par Shiaku Sho'on

« Dans la nuit glaciale
Je repose éveillé. Quand les cloches du matin
ont sonné, grande clarté dans mon cœur –
sur ce monde illusoire, changeant,
l'aube se lève. » Par Hasegawa Shume

« En voyage, malade :
mon rêve va errant
sur des champs desséchés. » Par Matsuo Basho

« La neige fondante du mont Fuji
est l'encre
dont je signe
le rouleau de ma vie,
"Sincèrement vôtre." » Par Kashiku

Extraits tirés de *Japanese Death Poems*, compilation de poèmes réalisée par Yoel Hoffmann, Charles E. Tuttle, Co, Boston 1986, pp. 51, 67, 85, 82.

Commentaire

Dans les traditions religieuses de l'Inde ancienne, le moment de la mort, qui préparait la voie à la réincarnation dans une autre vie, était présenté comme une occasion de mettre de l'ordre dans son esprit. Mais il s'agissait également du moment où l'âme pouvait tout aussi bien se libérer de la réincarnation. On retrouve la même thématique dans les poèmes japonais traditionnellement composés à l'approche de la mort.

On y retrouve souvent les images typiquement bouddhiques d'un monde changeant, illusoire, accablant, de même que l'aspiration à trancher les liens qui nous attachent aux souffrances de la vie et à prendre, au contraire, le chemin du détachement et de la paix. Pour beaucoup de fidèles et de poètes zen, toutefois, il n'y a aucune raison de privilégier le seul moment de la mort – chaque moment, chaque aspect de la vie étant passager, l'expérience de la mort se fait à tout instant.

Ainsi, quand le poète Matsuo Basho gisait sur son lit de mort et que ses disciples le pressaient de leur laisser un dernier poème, il leur répondit que chacun de ses poèmes pouvait être considéré comme une méditation sur la mort.

CHAPITRE NEUF

SOCIÉTÉ ET RELIGION

Une communauté bouddhique (*samgha*) se compose de moines, de nonnes, et de laïc, hommes et femmes. Moines et nonnes ont renoncé aux charges de la vie ordinaire et mènent une vie d'une extrême simplicité. Les laïcs se marient, ont des enfants, accumulent et distribuent ce qu'ils ont produit et font tout ce qui est en leur pouvoir pour permettre aux occupants des monastères d'atteindre le *nirvana*.

Cela dit, cette organisation sociale apparemment très simple est rendue plus complexe par la diversité des fonctions et des occupations qui sont propres, d'une part, à la communauté monastique, et d'autre part, à la communauté des laïcs. Récemment, les communautés bouddhiques se sont engagées dans de nouvelles formes de socialisation afin de répondre aux exigences de la modernité.

PAGE CI-CONTRE : Sa Sainteté Tenzin Gyatso (né en 1935), le quatorzième dalaï-lama. C'est en grande partie grâce à son action que le bouddhisme tibétain est l'une des cultures bouddhiques les plus influentes aujourd'hui.

La communauté monastique est née avec le groupe de moines errants qui suivirent le Bouddha à travers villes et villages du nord de l'Inde. Avec le temps, les moines et les nonnes adoptèrent un style de vie plus sédentaire. Durant les mois de juillet et d'août, les pluies de la mousson les obligeaient à se fixer ici ou là, et progressivement l'institution du monastère (*vihara*) s'imposa de plus en plus, pour devenir avec le temps l'institution centrale de la vie bouddhique. Placés sous la protection des rois et de riches donateurs, les grands monastères indiens devinrent des centres d'enseignement, non seulement de la philosophie bouddhique, mais également d'arts séculiers comme la littérature, la médecine et l'astrologie. Dans les pays du Sud-Est asiatique, en particulier, se développèrent des traditions monastiques très sophistiquées, souvent étroitement liées au pouvoir royal.

La tradition de la royauté bouddhique remonte à Ashoka, souverain de l'empire des Mauryas dans l'Inde septentrionale du IIIe siècle avant notre ère (voir p. 16). Il représente l'idéal du *dharmaraja*, le « roi droit ». Ashoka se convertit au bouddhisme après une campagne militaire particulièrement sanglante et tenta ensuite de promouvoir une politique de *dharmavajaya* (« conquête droite ») s'appuyant sur le *dharma* plus que sur la force des armes. Les monarques bouddhistes se sont traditionnellement présentés comme des « souverains droits » à la manière d'Akosha et se firent les protecteurs des monastères, en échange de la reconnaissance par les moines de la légitimité de leur autorité.

L'évolution la plus inattendue de cette monarchie bouddhique se produisit au Tibet, où le dalaï-lama dit le « grand cinquième » profita de la faiblesse de ses rivaux pour s'emparer du pouvoir religieux et séculier. C'est ainsi que le Tibet fut gouverné pendant des siècles par les dalaï-lamas, jusqu'à ce que la nouvelle République populaire de Chine envahisse le pays en 1950. Le quatorzième dalaï-lama, Tenzin Gyatso, jeune homme de 15 ans, resta en place, mais fut obligé de reconnaître la suzeraineté chinoise.

Mais, en 1959, un soulèvement contre l'autorité chinoise fut durement réprimé et le dalaï-lama dut s'enfuir en Inde. Depuis cette date, les monastères tibétains ont été férocement persécutés et beaucoup ont été détruits, notamment pendant la Révolution culturelle (1966-1976). Dans les années 1980, toutefois, le contrôle des activités religieuses par les autorités chinoises s'est relâché et la vie monastique a repris dans quelques-uns de ses centres traditionnels. Depuis son exil en Inde, le dalaï-lama n'a cessé de faire appel à la communauté internationale pour obtenir, par des moyens pacifiques, l'autonomie du Tibet et de

Aung San Suu Kyi (née en 1945) lit une déclaration à la porte de sa maison où elle a été assignée à résidence par les militaires birmans en raison de son action pour la démocratie.

sa culture. Il a même reçu le prix Nobel de la paix en 1989. Mais la Chine, aujourd'hui encore, cherche toujours à contrôler les activités religieuses tibétaines.

Tout en respectant les grands monastères, toujours très influents, les bouddhistes révèrent également le « saint » qui se retire dans la solitude, ou avec un petit groupe de compagnons, pour atteindre le *nirvana*, loin de l'agitation sociale. Au Sri Lanka ou en Thaïlande, les « saints de la forêt » sont souvent traités avec les mêmes égards que les héros de la tradition, et leur mode de vie fait contrepoids – y compris de manière critique – à la vie dans les grands monastères et dans la société dans son ensemble. Quand Dogen, le fondateur de la secte zen Soto au Japon, rejeta l'offre de venir vivre à la cour de l'empereur et mit l'envoyé impérial à la porte de son monastère, il ne fit que mettre en application un très ancien idéal bouddhique, selon lequel le moine doit vivre loin des affaires de l'État.

Le spectacle du moine partant mendier le matin, selon une pratique traditionnelle toujours en vigueur en Asie du Sud-Est, témoigne excellemment des rapports entre moines et laïcs. Chaque jour, les moines quittent le monastère et vont de maison en maison mendier leur nourriture du jour. Ce rituel fait bien apparaître les liens qui unissent les deux communautés. Les moines reçoivent les aumônes qui aident à leur quête du *nirvana*, tandis que les laïcs ont ainsi quotidiennement l'occasion de faire preuve de générosité, et donc d'accumuler les mérites qui les conduiront à une meilleure réincarnation dans leur prochaine existence. Cette pratique reflète l'idée plus générale de l'« interdépendance des causes et des effets » enseignée par le Bouddha : chacun a à jouer un rôle différent dans la société bouddhique, mais tous sont liés les uns aux autres selon des rapports de dépendance mutuelle.

Aux XIXe et XXe siècles, les structures traditionnelles de la société bouddhique en Asie du Sud-Est ont été ébranlées par le colonialisme européen, le sécularisme, le communisme et la science moderne. Sous l'influence de la vision scientifique et moderniste du bouddhisme développée par la Société de théosophie, Anagarika Dharmpala, moine du Sri Lanka (1864-1933), dirigea un important mouvement visant à rationaliser les pratiques bouddhiques, à en éliminer les aspects « superstitieux » et à mobiliser la communauté bouddhique contre l'autorité coloniale britannique. Depuis l'indépendance du Sri Lanka, en 1948, les institutions bouddhiques s'y sont épanouies, mais non sans problème. Les violences ethniques entre Cingalais bouddhistes et Tamouls hindouistes se doublent d'un conflit religieux apparemment peu compatible avec l'image d'un bouddhisme tolérant et pacifique.

La Birmanie, elle, présente une interprétation très particulière des rapports entre le bouddhisme et la politique. Après l'indépendance obtenue en 1948, le Premier ministre, U Nu (1907-1995), promulgua un programme de réforme se référant à un « socialisme bouddhique ». Pour U Nu, un État véritablement socialiste devait promouvoir l'égalité, décourager l'instinct de propriété et donner suffisamment de loisirs aux gens pour qu'ils puissent consacrer du temps à la méditation et à la recherche du *nirvana*. Chassé par les militaires en 1962, U Nu vécut de longues années en exil en Inde avant de revenir en Birmanie en 1980, où il se fit moine bouddhiste.

Dans d'autres régions de l'Asie du Sud-Est, les bouddhistes ont été confrontés aux régimes communistes. Au Vietnam, par exemple, leurs institutions sont restées en activité, mais au Cambodge elles ont été durement frappées par la politique « génocidaire » des Khmers rouges (1975-1979) et sont encore en convalescence.

Le XXe siècle a également vu une tentative de faire revivre le bouddhisme dans sa patrie d'origine, l'Inde, en l'impliquant dans la critique du système des castes. Bhimrao Ramji Ambedkar (1891-1956), un « intouchable » de l'État du Maharashtra, voyait dans le bouddhisme un idéal d'égalité et de justice sociale propre à pallier l'oppression des castes défavorisées dans la société indienne.

Une révolution spirituelle

« La révolution essentielle est celle de l'esprit. Elle naît de la conviction intellectuelle qu'il est nécessaire de changer les mentalités et les valeurs qui président au développement d'une nation. Une révolution qui se contente de changer la politique et les institutions officielles en vue d'une amélioration des conditions matérielles, a peu de chance de l'emporter vraiment. Sans une révolution de l'esprit, les forces qui produisent les iniquités de l'ordre ancien continueraient d'agir. [...] Il ne suffit pas d'exiger la liberté, la démocratie et les droits de l'homme. Il doit y avoir chez tous la volonté de faire des sacrifices au bénéfice de vérités plus hautes, de résister aux influences corruptrices du désir, de la malveillance, de l'ignorance et de la peur.

Les saints, a-t-on dit, sont des pécheurs qui continuent malgré tout de s'efforcer. De même, les hommes libres sont des opprimés qui continuent de s'efforcer et qui, dans ce processus, se rendent capables d'endosser les responsabilités [...] propres à préserver la liberté. Un peuple qui veut bâtir une nation dans laquelle des institutions démocratiques fermement établies sont une garantie contre le pouvoir de l'État, doit d'abord apprendre à se libérer de l'apathie et de la peur. »

Aung San Suu Kyi, *Freedom From Fear and Other Writings*, Penguin, Londres, 1991, p. 183.

Commentaire

En juillet 1988, le chef de l'État birman, le général Ne Win, organisa un référendum sur l'avenir politique du pays. L'opposition populaire aux autorités militaires se cristallisa autour de la figure d'Aung San Suu Kyi, devenue l'un des exemples les plus célèbres de quelqu'un qui se réclame des valeurs du bouddhisme pour agir dans la vie sociale. Son père, Aung San, était un collègue d'U Nu, et il avait dirigé le mouvement pour l'indépendance nationale jusqu'à son assassinat en 1947.

Les écrits politiques d'Aung San Suu Kyi évoquent avec brio sa lutte pour la démocratie et les droits de l'homme, les valeurs traditionnelles du bouddhisme – vérité, courage et affabilité –, ainsi que la corrélation entre libération politique et libération spirituelle. Sa campagne en faveur de réformes démocratiques à promouvoir pacifiquement a été récompensée par le prix Nobel de la paix, en 1991.

Ainsi que le montre la carrière d'Aung San Suu Kyi, il est possible pour les femmes de jouer un rôle important dans la vie politique des pays bouddhiques modernes de l'Asie du Sud-Est. Mais il est indéniable que les idées traditionnelles de supériorité masculine sont encore profondément enracinées dans la culture de cette région et de bien d'autres.

GLOSSAIRE

arhat Mot sanskrit, signifiant le « méritant », c'est-à-dire l'homme qui a atteint le *nirvana*, a coupé les liens avec le *samsara*, et n'aura plus à être réincarné.

bodhisattva Mot sanskrit, désignant dans le bouddhisme l'« être promis à l'Éveil ». Dans le bouddhisme mahayana, il s'agit de l'individu qui a atteint l'Éveil (*bodhi*) mais qui choisit de différer son accès au *nirvana* pour aider les autres dans leur quête spirituelle, incarnant ainsi l'idéal de la Voie bouddhique selon ce courant du bouddhisme.

bouddha Mot sanskrit, signifiant l'« Éveillé ». Dans le bouddhisme, désigne celui qui a atteint l'Éveil et le *nirvana* par ses propres moyens. Il y a eu de nombreux bouddha – le plus récent d'entre eux étant Siddharta Gautama – et il y en aura encore davantage à l'avenir. Utilisé comme un nom propre (le Bouddha), le mot se réfère à Siddharta Gautama, fondateur du bouddhisme.

Chan Mot chinois (en japonais, *zen*), signifiant « méditation » (en sanskrit *dhyana)*. Désigne une école du bouddhisme chinois dans laquelle la méditation joue un rôle primordial dans la quête de l'illumination.

dharma Mot sanskrit, pouvant tout à la fois signifier la « vérité », l'« ordre », la « droiture », le « devoir », la « justice. Le terme est utilisé à la fois dans l'hindouisme et le bouddhisme.

karma Mot sanskrit, signifiant « action ». Ensemble des mérites et des fautes accumulés par un individu, qui détermine la nature de sa prochaine réincarnation.

mandala Figure géométrique objet de méditation, représentant symboliquement l'univers.

mantra Mot (ou formule) magique, prononcé ou psalmodié dans un rituel ou pour aider à la méditation.

nirvana Mot sanskrit, signifiant littéralement « extinction ». Dans le Bouddhisme, état d'esprit totalement libéré des désirs et de l'ignorance, dans lequel on cesse d'accumuler des karma, et qui marque la sortie du cycle mort/réincarnation.

samsara Cycle interminable de la mort et de la réincarnation dont les êtres s'efforcent de se libérer.

tantra Nom donné à d'anciens textes sacrés qui mettent l'accent sur le rituel, le symbolisme, et une illumination rapide faisant intervenir la notion de « divinités courroucées ». Le tantrisme accorde une grande place aux *mandala*.

Terre pure Le « Paradis Occidental » où règne le *bouddha* Amitabha.

zen Mot japonais, signifiant « méditation » (en chinois *chan*). École du bouddhisme japonais dans laquelle la méditation joue un rôle central.

BIBLIOGRAPHIE GÉNÉRALE

Adams-Beck L., *Le Bouddhisme au Japon*, Attinger, 1964.

Arvon H., *Le Bouddha*, PUF, coll. « Que sais-je ? », 1979.

Arvon H., *Le Bouddhisme*, PUF, coll. « Que sais-je ? », 1997.

Bardo-Thödol, *Le Livre tibétain des morts*, Albin Michel, 1981.

Brosse J., *Le Bouddha*, Pygmalion, 1997.

Brosse J., *Zen et Occident*, Albin Michel, 1992

Conze E., *Le Bouddhisme dans son essence et son développement*, Payot, 1996.

Cornu Ph., *Dictionnaire encyclopédique du Bouddhisme*, Le Seuil, 2001.

Crépon P., *Les Fleurs de Bouddha*, Albin Michel, 1991.

Dalaï-lama et Carrière J.-C., *La Force du bouddhisme*, Robert Laffont, 1994.

Evola J., *La Doctrine de l'Éveil*, Arché, 1975.

Fabre J., *B.A.-Ba du Bouddhisme*, Pardès, 1999.

Faure B., *Le Bouddhisme*, Flammarion, coll. « Dominos », 1996.

Frédéric L., *Les Dieux du bouddhisme*, Flammarion, 1993.

Grim G., *La Religion du Bouddha*, A. Maisonneuve, 1959.

Guénon R., *Introduction générale à l'étude des doctrines hindoues*, Véga, 1983.

Houang F., *Le Bouddhisme de l'Inde à la Chine*, Fayard, 1963

Masson J., *Le Bouddhisme*, Desclée de Brouwer, 1992.

Percheron M., *Le Bouddha et le bouddhisme*, coll. « Maîtres spirituels », Le Seuil, 1956.

Rinpotche K., *Instructions fondamentales*, Albin Michel, 1990.

Sailley R., *Le Bouddhisme tantrique indo-tibétain au « Véhicule de diamant »*, Éd. Présence, 1981.

Silburn L., *Aux sources du bouddhisme*, Fayard, 1997.

INDEX

Les numéros en **gras** renvoient aux principales références ; ceux en *italique* renvoient aux légendes des illustrations.

A

B

C

D

E

REMERCIEMENTS ET CRÉDITS PHOTOGRAPHIQUES

Les éditeurs remercient les personnes et les institutions qui leur ont permis de reproduire les documents qui illustrent ce livre. Malgré tous les efforts déployés pour retrouver les détenteurs des droits de reproduction, nous ne sommes pas à l'abri d'un oubli. Si tel était le cas, nous nous en excusons d'avance et nous nous engageons à réparer les éventuelles omissions à l'occasion des éditions suivantes.

Page 2 Graham Harrison, Oxfordshire ; **page** 7 British Library, London ; **page** 12 British Library, London ; **page** 18 Graham Harrison, Oxfordshire ; **page** 26 Art Archive, London/Musée Guimet Paris/Dagli Orti ; **page** 30 British Museum, London ; **page** 36 Hutchison Library, London/Sarah Errington ; **page** 41 British Museum, London ; **Page** 46 Corbis/Alison Wright ; **page** 51 Hutchison Library, London/Liba Taylor ; **page** 56 Art Archive, London/Museum of Fine Arts, Boston ; **page** 61 Corbis Stockmarket ; **page** 64 Magnum Photos, London/Rene Burri ; **page** 68 Magnum Photos, London/Bruno Barbey ; **page** 76 Magnum Photos, London/Bruno Barbey ; **page** 80 Panos Pictures, London/D. Sansoni ; **page** 86 DBP Archive ; **page** *91* British Museum, London ; **page** 96 Panos Pictures, London/Neil Cooper ; **page** 100 Panos Pictures, London/Alison Wright.